初級中国語テキスト

まなんで

学而

村越貴代美

慶應義塾大学出版会

目次

はじめに …………………………………………………………………………… 5
中国と中国語 ……………………………………………………………………… 8

発音篇　11

第1講　顔の構え　6つの母音　4つの声調 ………………………………… 12
第2講　7つめの母音　四声＋軽声　二音節の声調パターン ……………… 14
第3講　母音＋四声　複母音　主母音と介音 ………………………………… 16
第4講　子音　有気音と無気音 ………………………………………………… 18
第5講　子音（続き）　省略する" ¨ "　そり舌音の出し方　3つのi ……… 20
第6講　nとng　母音の組み合わせとピンイン表記 ………………………… 22
第7講　二音節語の声調パターン　音節構造（声母＋韻母）　音節表 …… 24
第8講　もっと声調練習　名前　数字 ………………………………………… 26
第9講　"不""一"の変調　"儿化" …………………………………………… 28
第10講　音節数と拍数　ゼロの子音と隔音マーク　いつも笑顔で！ …… 30
【コラム】ナレーター並みの発音をめざす人のために ……………………… 32
　●声調のパターンと変化 ……………………………………………………… 34
　●唐詩 …………………………………………………………………………… 36
　●短い散文 ……………………………………………………………………… 37
　●外郎売り ……………………………………………………………………… 40
【中国語音節表】 ………………………………………………………………… 46

テキスト篇　49

第1課　你好!　　　◎述語による文の種類 ………………………………… 50
第2課　介紹　　　　◎名詞を修飾する（動詞・形容詞を修飾する）…… 52
　　　　　　　　　　◎副詞の位置　◎"有"と"在"
第3課　愛好　　　　◎文末に助詞を使う疑問文　◎"是……的" ………… 54
第4課　买什么?　　◎疑問詞を使う疑問文①　◎名詞の代わりをする"的" … 56
　　　　　　　　　　◎"二"と"两"　◎数詞と0〜99までの数え方
第5課　喝咖啡　　　◎肯定否定を並べる疑問文　◎お金　◎100以上の数え方 … 58
　　　　　　　　　　◎"几"と"多少"　◎2つ目的語をとる動詞

第6課	生日	◎疑問詞を使う疑問文② ◎月日・曜日の言い方	60
第7課	怎么样?	◎選択肢を示す疑問文 ◎勧誘・確認する	62
		◎反語 ◎時刻 ◎連動文	
第8課	不舒服	◎時点(いつ)の位置 ◎副詞の位置	64
		◎"不"と"没" ◎"又…又…"	

【コラム】 副詞／介詞／量詞 ……………………………………………………… 66

第9課	在哪儿买?	◎介詞(句) ◎ものを数える	68
第10課	我不会	◎助動詞	70
第11課	不用说了	◎注意すべき助動詞の否定形 ◎兼語文	72
第12課	在做什么呢?	◎アスペクト ◎動詞の重ね型	74
第13課	带好了	◎結果補語 ◎自然現象の特殊な言い方	76
		◎"一会儿…一会儿…" ◎"…了,就…"	
第14課	可以进去吗?	◎方向補語 ◎"有点儿"と"(一)点儿"	78
		◎形容詞の重ね型	
第15課	看不清楚	◎可能補語 ◎様態補語	80
第16課	去过两次	◎時量補語 ◎動量補語 ◎程度補語	82
第17課	花园	◎判断文 ◎存現文 ◎"有"を使う文	84
第18課	"大姐"	◎比較文 ◎処置文	86
		◎離合詞とその重ね型 ◎量詞の重ね型	
第19課	真倒霉	◎受身文 ◎使役文	88
第20課	又大又精彩	◎よく使われる句型	90

文法篇

1 基本的な文型

1 述語による文の種類 …………………………………………………………… 94
　　　動詞述語文／形容詞述語文／名詞述語文／主述述語文
2 動詞述語文の基本文型モデル ………………………………………………… 95
3 間違えやすい語順 ……………………………………………………………… 96
　　　副詞(①グループ)
　　　時点「いつ」(①グループ)と時間量/動作量「どのくらい」(②グループ)
　　　"有点儿"(①グループ)と"(一)点儿"(②グループ)
4 疑問文のパターン ……………………………………………………………… 98
　　　文末に助詞を使う／疑問詞を使う／肯定と否定を並べる／選択肢を示す／

　　　　勧誘・確認する／反語

5 述語の前にくるもの（①グループ） ……………………………………………… 101
　　　　時点（いつ）／副詞／介詞句／助動詞

6 アスペクト ……………………………………………………………………… 106
　　　　"在"（進行）＋動詞／動詞＋"了"（完了）／動詞＋"过"（経験）／
　　　　動詞＋"着"（持続）／文末の"了"（変化）／応用

7 述語の後ろにつくもの（②グループ） …………………………………………… 109
　　　　結果補語／方向補語／可能補語／様態補語／時量補語／動量補語／程度補語

【コラム】 重ね型 ………………………………………………………………… 116

―――――――― 2 注意すべき構文　118 ――――――――

1 判断文（"是"構文） ……………………………………………………………… 118
2 "是…的" ………………………………………………………………………… 119
3 存現文（現象文） ………………………………………………………………… 119
4 "有"を使う文 …………………………………………………………………… 120
5 連動文 …………………………………………………………………………… 120
6 兼語文 …………………………………………………………………………… 121
7 比較文 …………………………………………………………………………… 121
8 処置文（"把"構文） ……………………………………………………………… 122
9 受身文 …………………………………………………………………………… 123
10 使役文 …………………………………………………………………………… 124
【まとめ】 ………………………………………………………………………… 126

―――――――― 3 よく使われる句型　127 ――――――――

文章篇　129

第1篇　述語はどれか？──童裳亮「海と生命」より ……………………………… 130
第2篇　記号を見落とさない　にぎやかな述語動詞──鄭莹「故郷の橋」より ……… 136
第3篇　論旨を予測する──謝冕「読書をする人は幸福な人である」より ………… 142
第4篇　時と場所──巴金「星の群」より …………………………………………… 148
第5篇　全体の構成　比喩や倒置──茅盾「ポプラ礼賛」より …………………… 154
【練習　訳例】 ……………………………………………………………………… 163

はじめに

このテキストは少し**おしゃべり**な構成になっています。ふだん授業中に板書したり、重要ポイントとして繰りかえし説明していることを、まとめて書いてあります。

予習や復習に役立ち、教室でより多くの時間を聴いたり話したり、書いたり練習したり、暗記したり…、トレーニングに集中できるように。

いつも教室で**やってはいけない！** 3ヶ条を学生に言っています。

1、発音をひらがなやカタカナで書く　→　日本語の発音にしか聞こえなくなる
2、単語レベルで訳語を覚える　　　　→　使える中国語が身につかない
3、日本語訳の全文を書く　　　　　　→　いつまでも中国語アタマにならない

それでも不安なのか、きちんとした日本語訳の全文を書いている学生がたまにいます。教師のほうも、授業時間を本文や例文を「音読して意味を言いなさい」という作業に費やすことが多いので、このテキストではすべて訳例をつけました。初級では、辞書を引いたり日本語訳を考えたりする時間を省いて、より多く中国語のまま聴いたり話したりするほうが、早くしっかりとした中国語が身につくと思うからです。

テキスト全体は、4部に分かれています。

1、発音篇　《正しい発音は正しい箸の持ち方と同じ、一生の宝》

日本語を第一言語としている人が中国語の発音をマスターするには、まず顔づくりから始めて、口や舌の筋肉をどのように使えば「まるで中国人のような」発音になるか、理屈を理解しながら段階的に練習します。

中国語は「発音が難しい」と苦労する人が多いのですが、顔も身体の一部で、トレーニングをしないと**中国語用の顔**になりません。アタマで理解すると同時に、カラダ（顔）を繰りかえし動かして何度も練習する必要があります。

少しずつの時間でいいですから、繰りかえし練習して**中国語用の顔**になれば、中国語を話す時には自然とその**顔**になり、一生、美しい中国語が使えます。スポーツや楽器の演奏と似ていますね。基本的なトレーニングはとても大切です。そのため、発音教材もいくつか用意しました。

2、テキスト篇　《赤子のごとく真似るべし！　失敗を恐れず口にすべし！》

会話や短い文章で発音を定着させつつ、初級の文法を学びます。

中国語は基本となる文法が比較的シンプルですが、数にまつわる表現が豊かです。また、疑問文の形式が豊富にあります。テキスト篇の前半では、この二つ（数の表現と疑問文の形式）を中心に、基本となる語順を身につけることを目標とします。

中国語は孤立語といって、英語の動詞のような語形変化がなく、日本語のような助詞もなく、語順で意味が決定する言語です。その語順は、日本語の語順とは

違います。大きく違うのは、動詞の後ろに目的語がくることです。いちいちアタマの中で日本語から中国語に変換して語順をひっくり返して……、をしないですむように、中国語は最初から中国語で考えたり話したりできるように、これも繰りかえしの練習で身につけていきます。

中国語ならではの文法項目としては、**アスペクト**と**補語**があります。テキスト篇の後半は、この二つを中心に学びます。ほかに比較や受身、使役の表現も学びます。

それぞれ、文法の詳しい解説は「次の文法篇を見よ」という形になっています。授業では、本文の会話や短い文章をその内容にそって理解し、暗誦できるくらい何度も声に出したり書いたりして、**丸ごと覚えてしまいましょう**。

本文を覚えたら実際に使ってみましょう。いろいろな場面や課題を設定して、習ったことをアウトプットする練習を用意しました。問題集によくあるような正答はありません。補充の単語を利用しながら、自分で考え、工夫して表現してください。

3、文法篇 《中国語は語順が命。にぎやかな述語動詞》

文法項目について、まとめて解説しています。

中国語は語順で意味が決定する言語だといいましたが、動詞がとても発達している言語でもあります。動詞を中心にして考えると、文を組み立てて話したり、文章を読んだりするのに、とても役立ちます。日本語は名詞が発達していると言われています。

述語に注目すると、4種類（動詞・形容詞・名詞・主述）の述語文に分けられますが、動詞述語文が圧倒的にたくさん使われており、動詞が述語になった時にその前後に副詞や助動詞、アスペクトや補語がついて、長く複雑な文になる特徴があります。初級で学ぶ文法のほとんどは、動詞述語文の動詞の前後にあるこうした項目です。それをまとめて解説しています。

私が中国語をはじめて学んだのは1980年、大学1年の時ですが、「中国語に文法はない」という先生もいた時代で、「とにかく大量に読めばそのうち分かる」と言われました。現在の勤務校で中国語を教え始めて十年以上たち、最初は試行錯誤の連続でしたが、だんだんシンプルな形で説明できるようになりました。何度も黒板に書く**基本文型モデル**は、学生の皆さんと一緒に作り上げたものと言うことができます。2年生以上の学生と中国語のリライト無しの文章を読んでいても、この**基本文型モデル**で説明できないものはほとんどありません。

4、文章篇 《中国語の流れに乗ろう》

実際にいくつかリライト無しの中国語の文章を読んでみましょう。文法の基本を学びましたが、文章になるとこれらの要素が組み合わさって長く複雑な文になってきます。どうしたら長い文を正確に読めるのか、読み方のポイントを抑えながら練習します。

中国は広く方言も多いので、中国人も練習しないと正しい中国語を話したり書いたり出来ません。中国人向けの中国語検定もあります。文章はその検定「普通

話水平測試」の朗読問題（60題）の中から選びました。中国で規範とされている文章と考えていいでしょう。これまでに覚えた語彙の量ではまったく足りませんので、辞書も必要になるでしょう。前後の文脈から意味を推測することも大切ですが、辞書で確認することも怠ってはいけません。

　センテンスが長く複雑に見えますが、ほぐしていくと基本的な文法事項が組み合わさって出来ていることが分かります。述語になっている動詞を見つけられると、文の骨の部分が分かりますし、文脈を見失うこともありません。

　また、中国語には中国語独自の論理的な流れがあり、これを"思路 sīlù"といいます。中国語の"思路"にそって文章を読めるようになると、日本語の発想や想像に引きずられることなく、正確に文章を理解することができます。そうして正確に読むことの繰り返しによって、語彙が増え、リスニングの力も上がっていきます。中級から上級への壁は、この量稽古によってしか乗り越えられません。外国人が中国語を学習する場合、とくに文章を読む場合には、報道文や論説文など堅い文章のほうが読みやすいです。中国語の文章の読み方が分かったら、辞書を引きながら自分の興味や必要に応じて、どんどん色々な文章を読むことが出来るでしょう。

　この本は説明がたくさんある**おしゃべり**なテキストなので、教室に通えない人、たとえば社会人で独学で中国語をマスターしたい人にも、ご利用いただけたらと思います。

　なお会話篇と文法篇で使用した単語は、中国で外国人用に中国語テキストを編纂する時に基準とされている『漢語国際教育用音節漢字詞彙等級画分』入門等級505語と、中国へ留学したり中国で仕事をしたりする時に受ける中国語のレベル判定テスト「漢語水平考試（HSK）」の新版1～3級大綱の600語に、準拠しています*。

　本書の説明部分では、中国語を" "に入れています。

* 『漢語国際教育用音節漢字詞彙等級画分（国家標準・応用解読本）』、
　　北京語言大学出版社、2010年。
　『新漢語水平考試大綱』、商務印書館、2009～2010年。

中国と中国語

　中華人民共和国は、1949年10月1日成立。10月1日を国慶節（建国記念日）としています。このテキストで学ぶのは、"普通话"として中華人民共和国で制定され使用されている中国語です。台湾では"國語"を使っています。
　"普通话"には、発音の表記法、文字の書体とコード等、いくつか特徴があります。

　まず発音は、アルファベットを工夫した"拼音"（ピンイン）を使って表記します。"拼"は「寄せ集める」「綴り合わせる」という意味。"拼音"をピンインで表記すると、"pīnyīn"となります。
　ピンインは、中国の人が全国共通語として"普通话"を学ぶために考案されたもので、アルファベット26文字ですべての発音を表記できるように工夫されています。私たちにとって分かりやすい綴り方もあれば、かなり分かりづらいものもあります。
　ピンインは発音を表記する補助的な記号ですが、辞書はピンイン配列のものが多く、パソコンの入力にも使います。
　ピンインのしくみを理解し、ピンインを見て正しく発音ができる、逆に発音を聞いてピンインに分析的に綴ることができると、知らない言葉に出会っても辞書を引いて確認することができ、またパソコンを使って中国語の文章を書いたりメールを送ったりもできますから、まずは辛抱強くピンインとつきあうことが大切です。

　文字は、簡体字と呼ばれる画数を減らした文字が使われています。「簡体字」を簡体字で書くと、"简体字"になります。門（もんがまえ）が"门"になっていますね。台湾では画数を減らしていない文字を使っていて、これを繁体字と呼んでいます。
　簡体字は横組みが正式で、区切りなどの文章記号に「,」「;」など欧米語で使用される記号をたくさん採用しています。繁体字は縦組みが正式です。
　簡体字で文字を簡略化する方法は、主に次の3つです。

　　1、漢字の一部分を使う　　　　　　　　「飛」→"飞"　「業」→"业"
　　2、行書体・草書体にする　　　　　　　「書」→"书"　「車」→"车"
　　3、発音が近く画数の少ない別の字を使う　「機」→"机"　「進」→"进"

3の場合は発音が分からないと見当がつきませんし、"机"のように日本で「つくえ」として使っている「机」と同じ形になるので、間違えやすいです。「つくえ」は"桌子 zhuōzi"です。

　文字コードは、中国ではGBコード（GB18030など）を使い、台湾ではBIG5が使われています。

★中国語の習得曲線

　中国語を勉強していく目安として、何をどのくらいやると、どのレベルになるのでしょうか。学習時間を横軸に、それによって身につく中国語力を縦軸にとると、一般的には次のようになります。

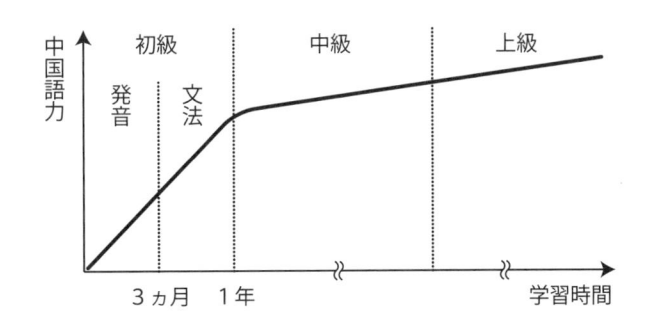

```
中                初級    │  中級   │   上級
国        ┌──────┬──────┤         │
語        │ 発音 │ 文法 │         │
力        │      │      │         │
          │      │      │         │
          │      │      │         │
          └──────┴──────┴─────────┴──────→
                3ヵ月   1年              学習時間
```

　発音をマスターし、基本的な文法について学び、語彙600語程度を習得した段階を、**初級**とします。大学の第二外国語では、1年間でそのレベルに達します。そのうち発音は、理屈を学んだあと、トレーニングの**期間**として3ヶ月が目安です。

　顔も身体の一部で、**筋肉が**動きを覚えて、アタマで考えなくても「中国語を話そう」と思ったら自然と**中国語用の顔になる**のに、時間ではなく**期間**が必要です。3ヶ月、つまり夏休み前が勝負ですね。この期間は、テキストで会話なども勉強しつつ、正しい発音を身につける期間です。一度正しい発音が身につけば、自転車の乗り方や水泳などと同じで、一生忘れることがありません。逆に、この期間におかしなクセをつけてしまうと、矯正するのはゼロから学ぶよりさらに難しく時間もかかります。

　初級の段階は、かけた時間に正比例して語学力がアップする実感があり、勉強していても楽しいし、手応えを感じやすい時期です。

　初級で正しい発音、基本的な文法と600語程度の語彙を習得したら、**中級**の段階に入ります。この段階では、語彙を3000語から5000語程度まで増やし、文法ではなく**語法**、すなわち言葉の使い方を学びます。この動詞にはこういう目的語という組み合わせ、これを"搭配 dāpèi"といいますが、こういう場面ではこういう表現がふさわしい、といったことを学ぶ段階です。「文法的には正しいがそういう言い方はしない」ということが、外国語を勉強しているとありますね。それを身につけようとすると、とても多くの時間、大量のトレーニングが必要で、量稽古の苦しい段階です。

　うまい喩えを言った先生がいます。ゼロから1、1から2、2から3…は、1つ増えるごとに確実に階段を上るような実感がある。けれども1000から1001、4000から4001になると、同じく1つずつ増えても、同じところに留まって進歩していないような焦りがある。しかし確実に1段ずつアップしていて、気がつくととても高い所に到達していた、と分かる日がきっと来る、と。

　中級までは学習者用にリライトした文章で学ぶことが多いですが、3000語、もう少し頑張って5000語程度まで語彙が増えると、もうテキストで学ぶ段階ではなく、中国で大人が読んだり聴いたりしているものを、自分の興味や必要に応じて使う**上級**の段階です。

発音篇

第1講 顔の構え 6つの母音 4つの声調

顔の構え　CD 01

基本の　　i

6つの母音

口を横に引いて出す母音　　　i　　a　　e

口をすぼめて出す母音　　　　u　　o　　ü

練習　◎ i→a→e→u→o→ü→i→a …ループで繰り返し口を横に引いたり中央にすぼめたり、なめらかに動かしながら練習しましょう。

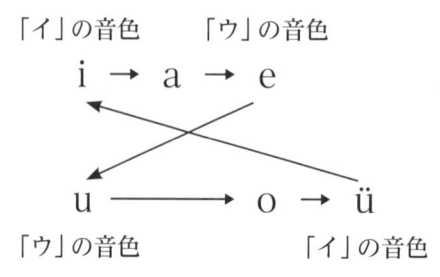

```
      「イ」の音色    「ウ」の音色
        i  →  a  →  e
              ╳
        u  ──→  o  →  ü
      「ウ」の音色         「イ」の音色
```

4つの声調

「出だし高型」
1声　高くて平らな調子
3声　低くて平らな調子
「出だし低型」

4声　高い所から下がる調子
2声　低い所から上る調子

練習　◎次の組み合わせで、違いを意識しながら練習しましょう。

「平らな調子」の1声と3声
「上下する調子」の2声と4声
「出だし高型」の1声と4声
「出だし低型」の3声と2声

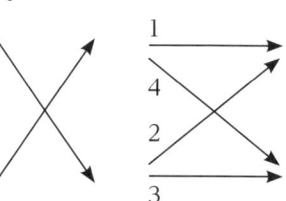

【学習ポイント】

顔の構え

　中国語は、日本語を話す時よりも顔の筋肉をたくさん使います。頬の筋肉を上へ持ち上げるのがポイント。頬の筋肉だけ上へ持ち上げるのは難しいので、ニーッと笑った顔で、唇の両端にキュッと力を入れて、**イーーー！**

6つの母音

　口の構えによって、母音を2つのグループに分けます。最初のiとuがしっかりできると、きれいな発音になります。

①口を横に引いて出す母音　　i　a　e

- **i**　口の両端をキュッと横にひいて、**イー！**
- **a**　iの口の形のまま、両端の力を抜かずに顎の付け根から口を大きく開けて、**アー！**
- **e**　aの口の形から、両端の力は抜かず、少し口の開け方をゆるめて、喉の奥、うがいをする時に水がガラガラ当たる場所から声を出すように、アタマの中では**ウー！**　どのくらい口を開ければいいか分からない場合は、まずoを出して、そのまま唇を横にキュッと引いてe。指をくわえて（上歯と下歯ではさんで）oから唇を横に引いてe、で練習してみて。

②口をすぼめて出す母音　　u　o　ü

- **u**　口の両端をキュッと真ん中に寄せ、蝋燭を吹き消すようにすぼめた形（突き出さない）で、**ウー！**　舌先は下の歯の裏側を触りつつ（＝舌先を持ち上げない）、舌の付け根は上顎にせまるように持ち上げて、その山の上から声を出すように。
- **o**　uの口の形のまま、アタマの中で**オー！**　結果的に少し唇がゆるみ舌も少し下がる。
- **ü**　oの口の形から、唇の両端をキュッとつまんだように力を入れて、アタマの中で**イー！** このとき、唇をちょっと突き出して**あひる唇**で。 üの口の形から唇の両端をキュッと横にひくと、基本のiに戻ります。

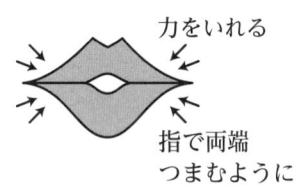

力をいれる

指で両端
つまむように

* 音色が似ているのは、eとu（アタマの中では**ウー！**）、üとi（アタマの中では**イー！**）。でも口の構えはぜんぜん違うので、構えを意識しながら、e u e u e u…、ü i ü i ü i …、と練習しているうちに、聞き分けもできるようになります。

4つの声調

　"普通話"には声調（トーン）が四種類あり、**四声（しせい）**といいます。
　日本語は「あめ（雨）」と「あめ（飴）」のように高低アクセントで、第一音節と第二音節の高低は原則違います。「雨」は「あ」が高く「め」が低い頭高型（あたまだかがた）、「飴」は「あ」が低く「め」が高い頭低型（あたまひくがた）。
　中国語は、高くて平らな調子（1声）、上昇する調子（2声）、低くて平らな調子（3声）、下降する調子（4声）があります。日本語のアクセントにならって、出だしの高い1声と4声を**出だし高型**、出だしの低い3声と2声を**出だし低型**と勝手ながら命名します。クワガタの新種みたいですね。

第2講　7つめの母音　四声＋軽声　二音節の声調パターン

7つめの母音　CD 02

口を横に引いて出す母音　　i　　　a　　　e　　　er
　　　　　　　　　　　　　(yi)

口をすぼめて出す母音　　　u　　　o　　　ü
　　　　　　　　　　　　　(wu)　　　　　(yu)

練習　◎意味を思い浮かべながら発音してみましょう。　CD 03

数字の「1」＝ i の1声　　yī
「2」＝ er の4声　　èr
「5」＝ u の3声　　wǔ

* ちょっと一言 *
阿姨　āyí
雨衣　yǔyī
鳄鱼　èyú

四声＋軽声　CD 04

1声 mā [妈]	高くて平ら	→	汽笛が**ボー！**
2声 má [麻]	一気に上昇	↗	驚いて**えぇっ!?**
3声 mǎ [马]	低くて平ら	→	感心して**ふ〜（ん）**
4声 mà [骂]	一気に下降	↘	カラスが**カー！**
軽声 ma [吗]	軽く短く	・	**ま**、あとはよろしく！

＊3声は後ろが軽く持ち上がることがありますが、基本は**低くて平ら**です。

* ちょっと一言 *
妈妈骂马。
Māma mà mǎ.

二音節の声調パターン　CD 05

	〜＋1声	〜＋2声	〜＋3声	〜＋4声	〜＋軽声
1声＋〜	māmā	māmá	māmǎ	māmà	māma
2声＋〜	mámā	mámá	mámǎ	mámà	máma
3声＋〜	mǎmā	mǎmá	mǎmǎ	mǎmà	mǎma
4声＋〜	màmā	màmá	màmǎ	màmà	màma

＊3声＋3声は、2声＋3声に**変調**します。

【学習ポイント】

7つめの母音

　e を出しながら、舌先を上へ丸めていく発音が er です。舌を持ち上げるために結果として口が少し開くので「アル」のように聞こえますが、最初から a のつもりで出すとやりすぎです。e の構えから出します。持ち上げた舌を、発音し終わったら元の位置に戻すことも、忘れないで。

　er は出しづらいので、この音の語はあまりありません。ただ北京語と、北京語の発音を基礎に制定された"普通話"では、語尾に er の 2 声（漢字は"儿"）をつける「儿化」と呼ばれる現象があり、**母音を発音しながら舌を持ち上げて丸めていきます**。

　i u ü は、前に子音がない時は、yi wu yu と表記します。

四声+軽声

　四声（しせい）には番号が付けられていて、算用数字で 1 声・2 声・3 声・4 声（よんせい）と呼んでいます。声調は音節全体にかかりますが、記号は母音（主母音）の上につけます。

　なぜこの順番かというと、唐代ころの声調は平声（ひょうしょう）・上声（じょうしょう）・去声（きょしょう）・入声（にっしょう）の 4 種類でしたが、おおむね平声が陰平と陽平に分かれて現在の 1 声（陰平）と 2 声（陽平）になり、上声が 3 声に、去声が 4 声になったからです。入声は"普通話"では消滅して各声調になっていますが、日本漢字音で「─ク（国など）」「─ツ（月など）」と読んでいる漢字（歴史的仮名遣いでは「フ・ク・ツ・チ・キ」で終わる漢字）は入声音の名残りです。

　軽声は軽く短く発音し、第一音節には使われません。前の音節が 3 声のときは高く、それ以外の声調のときは低くなります。

二音節の声調パターン

　中国語は二音節の語がとても多く、長い言葉でも、よくみると二音節ずつ区切れるものがほとんどです。たとえば「中華／人民／共和／国」のように。

　3 声は、後ろに 1 声・2 声・4 声が続くと**低くて平ら**、後ろに 3 声が続くと **2 声に変調**します。後ろにほかの音が続かず、長め強めに発音するときは、出し終わりが少し持ち上がりますが、2 声と違って一気に上昇せず、出だしは低く平らな部分があります。この低くて平らな部分をとくに「半 3 声」と呼ぶことがありますが、3 声の基本は**低くて平ら**と覚えておいたほうが、間違いが少なくなるでしょう。

　二音節の声調パターンは、四声×（四声＋軽声）＝20 通り。「1 声＋1 声」を聞いて、何か気が付きませんか？　後ろの 1 声のほうが高めではないですか？　声調は**絶対的な高さではない**と覚えておきましょう。また「2 声＋1 声」の 2 声に比べて、「2 声＋軽声」の 2 声は長くないですか？一音節の場合でも、3 声は他の声調に比べて長めに発音されます。音節は**均一の長さではない**ことも覚えておきましょう。

　二音節語は、原則として二字めに重点（アクセント）があります（軽声を除く）。

第3講 母音＋四声　複母音　主母音と介音

母音+四声　CD06

　　　広い母音　　　　　　　　　　　　狭い母音

a　ā　á　ǎ　à　　　　　　i　yī　yí　yǐ　yì
o　ō　ó　ǒ　ò　　　　　　u　wū　wú　wǔ　wù
e　ē　é　ě　è　　　　　　ü　yū　yú　yǔ　yù
er　ēr　ér　ěr　èr

複母音　CD07

	a	o	e	ai	ei	ao	ou
i	ia		ie			iao	iou
u	ua	uo		uai	uei		
ü			üe				

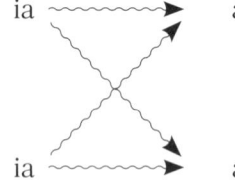

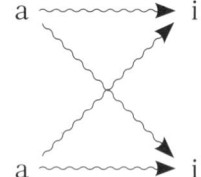

ia ↘↗ a
　　✕
ia ↗↘ i

a ↘↗ i
　　✕
a ↗↘ i

＊ao は本当は au 、iao は本当は iau
　つまり本来は au と ou 、ua と uo のセット

主母音と介音　CD08

口の開け方の大きい母音＝主母音。声調符号は主母音の上につける。

$$a > \begin{matrix} o \\ e \end{matrix} > \begin{matrix} i \\ u \\ ü \end{matrix}$$

ちょっと一言
喂！喂！　Wèi! Wèi!
我。　　　Wǒ.
一月　　　yīyuè

ai	āi	ái	ǎi	ài
ei	ēi	éi	ěi	èi
ao	āo	áo	ǎo	ào
ou	ōu	óu	ǒu	òu
ia	yā	yá	yǎ	yà
ie	yē	yé	yě	yè
iao	yāo	yáo	yǎo	yào
iou	yōu	yóu	yǒu	yòu → 子音がつくと -iu
ua	wā	wá	wǎ	wà
uo	wō	wó	wǒ	wò
uai	wāi	wái	wǎi	wài
uei	wēi	wéi	wěi	wèi → 子音がつくと -ui
üe	yuē	yué	yuě	yuè

【学習ポイント】

母音＋四声

母音を、口の開け方の大きさで2つのグループに分けます。

複母音

母音が2つ、3つ組み合わさって、複母音になります。1つの場合は単母音といいます。狭い母音 ｉｕü で始まる音節は、ｙ ｗ を補って書き換えます。

主母音

複母音では、口の開け方の大きい母音が、主母音になります。主母音は長く発音され、声調も主母音に乗ってきますので、複母音の声調符号は主母音の上につけます。

　　ia は ia〜

　　ai は a〜i　　　＊ai〜 や a~i~ ではない

それぞれ a〜 の部分で1声・2声・3声・4声の声調が乗りますので、たとえば "iá" は、低いところで ia まで出してから、a〜 と上っていきます。

　　口の開け方の大きさは、　a ＞ 　o　 　i　 ＞ 　u
　　　　　　　　　　　　　　　　　e　 　ü

と考えられています。ai なら a のほうが大きいので、a が主母音。iao も a がいちばん大きいので、a が主母音ですね。e は複母音になると、「エ」に音色が変わります。

ただし、ao は本当は au、iao は本当は iau でした。ピンインを筆記体で書いた時に u は n と紛らわしいという理由で、ao iao に書き換えられました。本来の au iau にアタマの中に戻して発音すると、きれいな発音になります。

ao は本来はない組み合わせ、oa もない。o と e が並んで oe eo という複母音もありませんから、実は広い母音 ａ ｏ ｅ と狭い母音 ｉ ｕ ü の 2つのグループということになります。

ｉ ｕ ü も一緒には並ばないのですが、iou uei は前に子音がつくと主母音の o e がとても弱くなるので、書かずに diu hui のように表記します。すると狭い母音だけが残って声調符号をつける箇所がなくなりますから、便宜的に後ろの母音につけることになっています。diū huì のように。

介音

ｉ ｕ ü は狭いので主母音にはなりませんが、主母音の前で介音になります。この介音をしっかり出せると、きれいな発音になります。介音は短いので、ポイントは**口の構え**です。最初から構えを作っておかないと、しっかり発音できません。

表を見ると、どの発音も同じくらい使いそうに見えますが、実際には違います。まず、ü が介音になるのは üe しかありません。しかもこの発音をする語はとても少ない。

圧倒的に多いのは、i と u を介音とする語、とくに i です。

i の口の構えから発音する語が、圧倒的に多いのです。

第4講　子音　有気音と無気音

■子音　CD 09

	無気音	有気音		
①唇音	b (o)	p (o)	m (o)	f (o)
②舌尖音	d (e)	t (e)	n (e)	l (e)
③舌根音	g (e)	k (e)	h (e)	
④舌面音	j (i)	q (i)	x (i)	
⑤そり舌音	zh (i)	ch (i)	sh (i)	r (i)
⑥舌歯音	z (i)	c (i)	s (i)	

■有気音と無気音　CD 10

| 無気音 | bo | de | ge | ji | zhi | zi |
| 有気音 | po | te | ke | qi | chi | ci |

＊「息だけ」吐いてみましょう。
　ふ〜っ　息が唇にぶつかる
　は〜っ　息が喉の奥にぶつかる＝中国語の h の子音＝「気」

　無気音＝子音＋母音
　有気音＝子音＋「気」＋母音

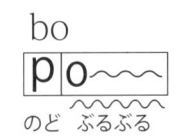

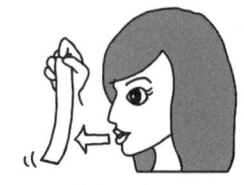

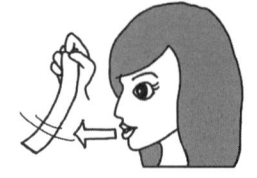

無気音　少しゆれる
有気音　ダイナミックにゆれる

```
  bo            po
┌─────┐      ┌─────────┐
│p o〜〜│      │p 気 o〜〜│
└─────┘      └─────────┘
 のど ぶるぶる     のど ぶるぶる
```

練習　◎「気」に気をつけて　CD 11

bō	pō	dā	tā	gē	kē
bá	pá	diē	tiē	guò	kuò
biāo	piāo	duǒ	tuǒ	gǒu	kǒu
bù	pù	duì	tuì	gào	kào

◎喉の奥に「気」を当てながら

　hē（喝）　hái（还）
　hǎo（好）　huì（会）

＊ちょっと一言＊
你好！　　　Nǐ hǎo!
我爱你。　　Wǒ ài nǐ.
你爱我吗？　Nǐ ài wǒ ma?

【学習ポイント】

子音

　母音は口の開け方で音が変わりますが、子音は唇や歯や舌を使って「破裂させたり」「擦らせたり」して出します。どこをどう使うか、まるで中華料理のように具体的に名前がついています。子音を「破裂させたり」「擦らせたり」するためには、まず**しっかり**塞ぐことが大切です。

　①②③はアルファベットの使い方が、私たちにも分かりやすいものです。④⑤⑥は特殊な使い方をしています。(第五講で説明します)

①**唇音**　くちびるを使います。
  b (o)　　唇を**しっかり**閉じて。日本語のパ行でよい。
  p (o)　　b に「気」をつけて。
  m (o)　　唇を**しっかり**閉じて「むもぉ〜」。日本語のマ行でよい。
  f (o)　　上の歯で下唇の内側に触れて。英語の f でよい。

②**舌尖音**　舌先を使います。
  d (e)　　舌先を上の歯の付け根に**しっかり**つけて。日本語のタ行でよい。
  t (e)　　d に「気」をつけて。
  n (e)　　舌先を**しっかり**つけて「んぬぅ〜」。日本語のナ行でよい。
  l (e)　　舌先を**しっかり**つけて。日本語のラ行でよい。

③**舌根音**　舌の付け根を使います。
  g (e)　　舌の付け根を上あごに**しっかり**つけて。日本語のカ行でよい。
  k (e)　　g に「気」をつけて。
  h (e)　　喉の奥から「気」をこすらせながら絞り出して。日本語のハ行では<u>ダメ</u>！

無気音と有気音

　「気」は息のことで、子音と母音のあいだに「気」の部分がはさまるのが有気音です。喉の奥のほうから擦れながら出てくる息で、子音の h が「気」の正体です。

　ささやき声を出してみましょう。母音が響かなくても、口の開け方で発音が分かりますね。有気音は、まず子音をささやき声のように出して、そこに喉の奥から出る「気」＋母音が続きます。大げさにやると po は、

　　　ぽぉ〜（ささやき声）〜「気」〜（次第に声になって）〜ォオオーーー！

自分で「気」が出来ているか確認する方法に、ティッシュを短冊状に裂いて口の前へぶら下げて発音する方法があります。bo と po で試してください。（ほかの子音や母音の組み合わせだと息の出る方向が違うので、それほど違いがはっきりしません）

　また、自分の喉に手を当てて発音してみてください。母音を発音する時は声帯を使うので、喉が**ぶるぶる**します。"普通話"の子音には日本語のような濁音がなく、b と p は実は唇を閉じる同じ子音で、どちらも声帯は振動しません。「気」も息なので、声帯は振動しません。母音の o になって始めて振動して、**ぶるぶる**が手に感じられます。無気音は子音の直後に母音が出るので早く**ぶるぶる**しますが、有気音は「気」の分だけタイミングが遅れて**ぶるぶる**します。

　「気」を出しにくい人は、山形の「サクランボ種飛ばし大会」に出場したつもりで、種をなるべく遠くに「ぷっ！」と飛ばすつもりで、やってみてください。ティッシュの短冊がひときわダイナミックに揺れるでしょう。

第5講 子音(続き) 省略する"¨" そり舌音の出し方 3つのi

子音(続き) CD12

①唇音	b (o)	p (o)	m (o)	f (o)	
②舌尖音	d (e)	t (e)	n (e)		l (e)
③舌根音	g (e)	k (e)		h (e)	
④舌面音	j (i)	q (i)		x (i)	
⑤そり舌音	zh (i)	ch (i)		sh (i)	r (i)
⑥舌歯音	z (i)	c (i)		s (i)	

省略する"¨" CD13

j + ü → ju   j + üe → jue
q + ü → qu   q + üe → que
x + ü → xu   x + üe → xue

ちょっと一言
我买橘子。 Wǒ mǎi júzi.
我去。 Wǒ qù.
下雪了。 Xià xuě le.

そり舌音の出し方

口中を横からみた図

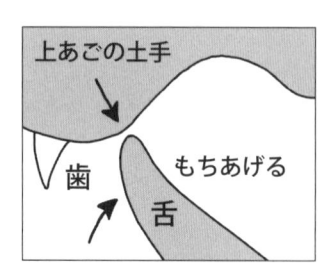

上あごの土手
歯
舌
もちあげる

3つのi CD14

ji	qi	xi	口を横にひく鋭い音色のi	[i]
zhi	chi	shi	ri	口中が狭いこもった音色のi	[ɿ]
zi	ci	si		口の形だけi 音色は「ウ」	[ɿ]

練習 ◎口の構えに気をつけて CD15

zi zu ze
ci cu ce
si su se

ちょっと一言
4 sì   10 shí
十四是十四,四十是四十。
Shísì shì shísì, sìshí shì sìshí.

【学習ポイント】

子音（続き）

④**舌面音**　舌面と、上顎の土手の辺りを使います。
- j (i)　舌先が上の歯に触れないようにして、日本語の「ち」。息が出やすいので、「ち」に濁点1つつけたような感じで。「ぢ」
- q (i)　j に「気」をつけて。
- x (i)　舌を同じように上の歯に触れないようにして、日本語の「し」。

⑤**そり舌音**　そらせた舌先のやや裏側と、上顎の土手の辺りを使います。
- zh (i)　指をくわえて舌先を上顎のほうへそらせ（舌の位置を動かさないようにして指を離して）、日本語の「ち」。
- ch (i)　zh に「気」をつけて。
- sh (i)　舌を同じようにそらせて、日本語の「し」。
- r (i)　sh の濁音、「り」に濁点をつけたような感じで。「り゛」

　＊そり舌の子音には必ず「イ」の音色が入ります。ピンインで zha とあっても「チャ」のような音で、jia と聞き間違えやすい音色です。

⑥**舌歯音**　舌先と、上の歯の裏側を使います。
- z (i)　口の構えを i にして、「つ」。舌先が上の歯の裏側に触れている。
- c (i)　z に「気」をつけて。
- s (i)　口の構えを i にして、「す」。

　＊このグループの子音には口を横に引いて出す「ウ」の音色が入るので、たとえば za は「ツァ」のような音です。

省略する"¨"

　④のグループの子音には、i または ü で始まる母音しか来ないので、ü の "¨" をとって表記します。ju と書いてあっても「チュ」ではなく、jü です。

そり舌音の出し方

　そり舌の子音は、子音の中に i の音色が含まれます。i を出す時は、舌先をそらせたまま。それ以外の母音は、舌先をそらせて瞬間的に子音を出したら、舌先はもとの位置にもどって a ong などの母音が続きます。

3つの i

　基本の i は、唇を横にキュッと引いて**イー！**
　⑤そり舌音の i は、舌先を上へそらせた状態で発音されるので、奥にこもった「イ」です。i とは違う音ですが、舌先をそらせた状態でふつうの i は出来ないので、同じアルファベットを使っています。
　⑥のグループの i は、口の構えが i と同じだけで、音色は「ウ」です。

第6講　n と ng　母音の組み合わせとピンイン表記

n と ng　CD 16

①口を横に引いて出す母音　母音にそのまま n ng がつく。

　i―n　　　a―n　　　e―n
　i―ng　　a―ng　　e―ng

②口をすぼめて出す母音　実際の音色や綴り上の便宜からピンインを書き換えている。

　u―n（uen）　　　　　子音 +un
　u―ng（ueng）　　　　子音 +ung（ong）

　ü―n　　　　　　　　 子音（j q x）+ün（un）
　ü―ng（iong）　　　　子音（j q x）+üng（iong）

母音の組み合わせとピンイン表記　CD 17

		~i	~u	~n	~ng
	a	ai	ao 〔au〕	an	ang
	o		ou		
	e	ei		en	eng
	i/yi			in/yin	ing/ying
	u/wu			uen/wen（un）	ueng/weng（ung）
				-un	-ong 〔-ung〕
	ü/yu			ün/yun	iong/yong（üng）
i~	ia/ya		iao/yao 〔iau〕	ian/yan	iang/yang
			iou/you		
	ie/ye				
u~	ua/wa	uai/wai		uan/wan	uang/wang
	uo/wo				
		uei/wei			
ü~	üe/yue			üan/yuan	

　／ の後ろは子音がない時の表記
〔 〕は綴り上の便宜から書き換えられたもの
（ ）は実際の音色に近いように書き換えられたもの

【学習ポイント】

n と ng

　子音のような音色ですが、母音の仲間です。主母音の後ろに使われます。n は舌先を上あごにつけて「ン」、ng は舌の付け根を上あごにつけて「ン」。
　日本語では n ng と、もうひとつ m を使い分けています。
　　　あんない（案内）の「ん」＝ n　　後ろの子音が「n」なので、「ん」も n に
　　　あんがい（案外）の「ん」＝ ng　 後ろの子音が「g」なので、「ん」も ng に
　　　あんばい（案配）の「ん」＝ m　　後ろの子音が「b」なので、「ん」は m に
　同じ「案」の字ですが、後ろの子音を発音しやすいように無意識のうちに使い分けています。しかしどれも「ん」と表記します。つまり音声としては使い分けていても、音韻（意味のある音）としては「ん」にまとめて意識しているのです。ところが"普通话"では"山 shān"と"商 shāng"のように、n か ng かで全く違う字、意味になります。"山"はいつでも"shān"であって、後ろに何が来ようと"shāng"にはなりませんが、私たちは後ろの音に引きずられて"shāng"や"shām"（"普通话"にはない）と発音しがちです。
　日本漢字音から、n ng のどちらで終わる語か、ある程度わかります。
　─n　　日本漢字音の「─ン」　　　　　　例：安全　ānquán　　アンゼン
　─ng　 日本漢字音の「─ウ」「─イ」　　例：公平　gōngpíng　コウヘイ

音色の変化

　n は舌先を上顎につけて音を鼻で響かせ、ng は舌の付け根を上顎につけて音を鼻に響かせます。その結果、母音の音色は微妙に変わります。とくに a は、前に i や ü、後ろに n と両脇を狭い音ではさまれると、音色が「エ」に変わります。ian はほとんど「イエン」と発音され、üan は「ユエン」と発音する人と「ユアン」と発音する人が半々くらいです。

実際の音色や綴り上の便宜からピンインを書き換えているもの

　まず o には n も ng もつきません。そこで子音がついた時の ung を ong に書き換えました。筆記体で書いた時に u と n が紛らわしいという理由と、音色も若干 o に近くなるためです。アタマの中で本来の ung に戻して発音すると、きれいな発音になります。
　u は唇をすぼめて出す母音ですが、n ng は唇を横に引いて終わります。そのため、出している途中で e の音が少し入ります。これを**わたり音**と呼びます。渡り廊下のようなもので、ある発音からある発音へ移る間に、唇などの動きにともなって小さく現れる音です。わたり音は、ゆっくり発音する時にはよく聞こえます。たとえば、
　　　bo　　唇をすぼめて b と出すために b のあとに u が入る
　　　ing　　狭い前寄りの i から喉の奥で舌根をつける ng へ移る間に e が入る
　わたり音は実際にはたくさんありますが、ほとんど書きません。しかし u の場合は、前に子音がない時は uen / wen　ueng / weng と書き換えられました。実際の音色に合わせた結果なので、見たとおりに発音すればいいです。
　ü は、u と違って唇の両端にも力が入る母音です。n がつくとわたり音の e が出ますが、u ほど顕著ではないので、そのまま ün / yun と書きます。子音は j q x しか付きません。そのため ü の"¨"を省略して jun のように書きますが、「チュン」ではなく jün です。ng がつく時は、実際の音色にあわせて iong / yong と書きますが、「イオン」ではなく ü の口の構えから出すと、きれいな発音になります。

第7講 二音節語の声調パターン / 音節構造（声母＋韻母） 音節表

二音節語の声調パターン　CD 18

jīntiān 今天	Zhōngguó 中国	shēntǐ 身体	gōngzuò 工作	māma 妈妈
xióngmāo 熊猫	tóngxué 同学	píjiǔ 啤酒	xuéxiào 学校	péngyou 朋友
lǎoshī 老师	yǒumíng 有名	Nǐ hǎo! 你好！	Qǐng wèn. 请问。	xǐhuan 喜欢
Kàn shū. 看书。	liànxí 练习	Rìběn 日本	Zàijiàn! 再见！	Xièxie! 谢谢！

音節構造（声母と韻母）

音節 ＝ 声母（頭子音）＋ 韻母（介音・主母音・尾音）

声母	韻母			声調	音節	字	意味
	介音	主母音	尾音				
b		a		1声	bā	八	はち
h	u	a		1声	huā	花	はな
m		e	n	2声	mén	门	ドア
m		a	i	3声	mǎi	买	買う
	i	o	u	4声	yòu	右	みぎ
x	ü	e		3声	xuě	雪	ゆき
s		o	ng	4声	sòng	送	おくる

音節表

	Ⅰ 介音なし	Ⅱ 介音 i	Ⅲ 介音 u	Ⅳ 介音 ü
① b p m f				
② d t n l				
③ g k h				
④ j q x				
⑤ zh ch sh r				
⑥ z c s				

参照 音節表は46〜47ページ
参照 漢字付き音節表は
http://www.keio-up.co.jp/np/isbn/9784766421897/

【学習ポイント】

二音節語の声調パターン

　ピンインを拾いながら発音していくと、日本人の発音は1音ずつポツポツ置いた感じになりがちです。母音と母音をつなぐように読むと、きれいな発音になります。
　ピンインを見ても音が浮かんでこないときは、前のページにもどって声調・母音・子音…の出し方を確認しましょう。

音節構造（声母と韻母）

　これまで「母音」という言い方をしてきましたが、中国では音節を声母（頭子音）と韻母（介音・主母音・尾音）に分けています。主母音はどの音節にも必ずあります。主母音は長くはっきり発音され、声調はおもに主母音に乗ります。
　中国では古くから押韻する詩をたくさん作ってきました。韻に注目すると、頭子音は「韻頭」、介音と主母音は「韻腹」、尾音は「韻尾」となります。韻尾は発音する時間は短いですが、ここで韻が終わって響くので、きちんと出すときれいな発音になります。音節は唇を横に引いて終わるものが多く、複母音で唇をすぼめて終わるのは ao［au］ ou iao［iau］ iou の4つです。すべて u ですね。
　中国語の音節は1300ほど（声調の違いも含めて）あるとされますが、パーツに分けると、

子音21個×母音6つ（＋er）×声調4種類（＋軽声）

　子音は唇や舌の使う場所や使い方によって6つのグループに分けられます。母音は口の構えによって2つのグループに分けて説明してきましたが、組み合わさって複母音になります。複母音は、介音に注目すると4つのグループに分けられます（Ⅰ介音なし、Ⅱ介音 i 、Ⅲ介音 u 、Ⅳ介音 ü ）。尾音になるのは i u n ng の4つですが、実際の発音や綴り上の便宜から書き換えられたものがあります。二音節語が多いので、声調は二音節のパターンにすると20通りです。

音節表

　すべての音節を表にまとめたのが、音節表です。子音6つのグループと、介音4つのグループに、大きく分類してあります。空欄は、発音しようと思えばできるけれど、その音節を使う字（言葉）がないものです。出しにくい発音は、字（言葉）も少ないことが分かりますね。
　枠全体が空欄になっている部分があります。中国語が発展する過程で、枝分かれした部分です。唐代ころの発音（日本漢字音の漢音）では舌の付け根を使っていた「カン」が"感 gǎn"や"間 jiān"になったように、③ g グループと④ j グループに分かれました。④ j グループの子音は、中国語の歴史の上では比較的新しい発音です。
　④ j グループと⑤ zh グループは、音節表では互い違いになっていますが、音色は「イ」系統のものしか続きません（そり舌は子音に「イ」の音色が入ります）。それに対して⑥ z グループには「イ」以外の音色が続きます。
　それぞれの音には、どのような字があるでしょうか。「つくり」が同じ漢字は現代中国語でも近い発音ですが、声調や無気音と有気音の区別は、字を見ただけでは分かりませんね。

　例： 青 qīng　　精 jīng　　睛 jīng　　静 jìng
　　　　清 qīng　　晴 qíng　　情 qíng　　请 qǐng

第8講 もっと声調練習　名前　数字

もっと声調練習 CD19

● 1声+2声+3声+4声

shān míng shuǐ xiù
山明水秀

shēn qiáng tǐ zhuàng
身强体壮

yīng míng guǒ duàn
英明果断

● 1声+1声+1声+1声

sān fēn zhī yī
三分之一

zhēn xī guāng yīn
珍惜光阴

yōu xīn chōng chōng
忧心忡忡

● 2声+2声+2声+2声

ér tóng wén xué
儿童文学

wén rú qí rén
文如其人

jí yú qiú chéng
急于求成

● 3声+3声+3声+3声

qǐ yǒu cǐ lǐ
岂有此理

zǒng tǒng xuǎn jǔ
总统选举

xǐ hǎi shuǐ zǎo
洗海水澡

● 4声+4声+4声+4声

kè wài zuò yè
课外作业

jì shù jìn bù
技术进步

wàn shì jù bèi
万事俱备

名前 CD20

中国語で自分の名前を言ってみましょう。

Nín guì xìng?　Wǒ xìng……。
您贵姓？我姓……。

Nǐ jiào shénme míngzi?　Wǒ jiào……。
你叫什么名字？我叫……。

練習
◎名前を呼ばれた人は"到 dào"と返事をしましょう。
◎友だちの名前を尋ねましょう。

数字 CD21

yī	èr	sān	sì	wǔ	liù	qī	bā	jiǔ	shí
一	二	三	四	五	六	七	八	九	十

練習
◎中国語でビンゴゲームをしてみましょう。

1~99までの数字は、漢数字にした時の読み方になります。
例：「23」は"二十三 èr shí sān"

【学習ポイント】

もっと声調練習

同じ声調が続くと読みづらいという人がいるので、練習に加えてみました。

声調は**絶対的な高さ**ではありません。前後にどのような語が続くかによって、さまざまに音の高さは変わっています。ピアノの鍵盤をたたいた時のように「つねに1声はソの高さ」ということではありませんので、音声をよく聞いて真似することが大切です。

強さもさまざまです。当然ながら、強調したい部分は長く強く発音されることになります。これから会話や文章を学んでいく際には、内容によって同じ語でも強調したい部分、しっかり発音したい部分は違ってきますので、意味を考えながら発音することが必要になってきます。

意味と訳語について

ここで**意味**と**訳語**の違いについてお話したいと思います。

私たちは何かを考える時に言葉を媒介にしています。外国語である中国語を学ぶ際にも、日本語を媒介にして考えることは、ときに大切なことです。ただ、言葉は前後の文脈によってさまざまな意味を持っていますから、訳語を当てて覚えるような勉強方法はあまり有効とは言えないでしょう。

言語が違うと、同じ場所に立って同じ風景を見ていても、まったく違う世界が見えているかも知れません。

たとえば、"手机 shǒujī"は携帯電話のことですが、日本語は「持ち歩ける」に注目して「携帯」電話、中国語は「手の中におさまる機械」で"手机（機）"。また"手表 shǒubiǎo"は「腕時計」という訳語をたいてい当てますが、中国語でも"手"は手首から先の部分をいいます。でも「腕時計は腕にはめるのに」と思うのは早計かも知れません。懐中時計のように手の中にすっぽりおさまる時計を"手表"と呼んだのかも知れませんね。その腕時計を「はめる」と日本語はいい、ボタンやジグソーパズルのピースのように「きっちり所定の位置に収める」動作として見ていますが、中国語は帽子や手袋のように「身体の一部にくっつく」動作として"戴 dài"を使います。**訳語と意味は別物**だということを、覚えておきましょう。

私たちが生きている世界は空間的に、また時間的に連続しているように見えますが、言葉は瞬間瞬間を切り取る写真のようなもの。どこに焦点をあててどの角度からどう撮るかで、同じ桜の樹もまったく違って見えますし、その写真をどう並べてどう見せるかによっても、見え方がぜんぜん違ってくるでしょう。その違いを知り楽しむことが、外国語を学ぶ醍醐味と言えるかも知れません。

名前

ひらがな・カタカナの場合は、適宜漢字を当てて、中国語音で読まれます。

"您贵姓？"は姓をたずねる言い方、"你叫什么名字？"はフルネームをたずねる言い方です。

第9講 "不""一"の変調 "儿化"

■ "不""一"の変調 CD22

不 bù +1声 → bù（4声）　　不吃 bù chī
　　　 +2声 → bù（4声）　　不来 bù lái
　　　 +3声 → bù（4声）　　不好 bù hǎo
　　　 +4声 → bú（2声）変調　不去 bú qù

一 yī +1声 → yì（4声）変調　一千 yì qiān
　　　 +2声 → yì（4声）変調　一年 yì nián
　　　 +3声 → yì（4声）変調　一百 yì bǎi
　　　 +4声 → yí（2声）変調　一万 yí wàn

＊ "一" の変調は、分量のとき。

練習 ◎続けて発音してみましょう。 CD23

不　　说 shuō　　买 mǎi　　看 kàn　　用 yòng
一　　杯 bēi　　碗 wǎn　　件 jiàn　　块 kuài

■ "儿化" CD24

広い母音（a o e）の後ろにしか r 音はつかない

(0) 母音を出しながら舌先をそりあげて r 音をつける。
　　花儿 huār　　歌儿 gēr　　画儿 huàr

(1) 尾音の i u n を取り、r 音をつける。
　　一会儿 yíhuìr（=yíhuèr）　h がついて消えていた e が現れる
　　时候儿 shíhour（=shíhor）
　　一点儿 yìdiǎnr（=yìdiǎr）　n がついて変化していた a の音色がもとに戻る

(2) 尾音の ng を取り、主母音は鼻音化する。
　　电影儿 diànyǐngr　　信封儿 xìnfēngr

(3) 狭い主母音 i u ü は、わたり音の e を入れて r 音をつける。
　　事儿 shìr（=shìer）　　皮儿 pír（=píer）

【学習ポイント】

"不""一"の変調

　中国語の音韻は前後の音節に左右されないものがほとんどですが、"不"と"一"だけは後ろに続く語の声調によって、声調が変化します。これを**変調**といいます。
　"不"はもとが4声、"一"はもとが1声なので、変調するパターンが違うように見えますが、結果として後ろが4声の時は2声に、それ以外の声調の時は4声になっています。
　"一"が変調するのは分量の時で、順番のとき（例："一月 yīyuè"いちがつ）や、後ろに続かないとき（例："第一 dìyī"）、後ろに続いてもその語が前の語の一部のとき（例："统一考试 tǒngyī kǎoshì"統一テスト）は、変調しません。

"儿化"

　北京語や、北京語をもとに制定した"普通话"では、接尾詞の一部として、語尾に"儿 ér"をつける現象があります。これを"儿化"や"r 化"、「アル化」と読んでいます。"儿"のもとの字は「児」で、身近なもの、かわいらしいもの、親しいものに付く接尾詞と言われています。接尾詞はほかに、"…子 zi""…头（頭）tou"があります。"子"は、「椅子」「扇子」など古くからある接尾詞で、日本語にも輸入されました。「…ス」と読んでいますが、"饺子 jiǎozi"は輸入された時代が新しいので「ギョーザ」、"子"の字を「ザ」と読んでいますね。"头"がつくものには"石头 shítou"があります。「石頭」と書いて「石っころ」のようなニュアンスで、「石アタマ」という意味ではありません。

　"儿化"すると、母音を発音しながら舌先をそりあげていきますが、そのために母音の音色がさまざまに変化します。その規則は複雑に見えますが、

広い母音（a o e）の後ろにしかr音はつかない。

舌を持ち上げるために、口中を広くしないといけないからでしょう。そのために、いろいろな現象がおこります。
　(1) 尾音の i u n は脱落し、尾音のせいで音色が変化していた主母音は本来の音色に戻り（例：dian+r → diar）、子音のせいで消えていた主母音は本来の音色で出現する（例：hui+r → huer）。
　(2) 尾音の ng は脱落し、主母音は鼻音化する。
　(3) 主母音が狭い母音（i u ü）のとき、わたり音 e がはいる（例：shi+r → shier）

　どの言葉が"儿化"するかは、必ずする言葉と人によってしたりしなかったりする言葉があり、語彙とその使い方によります。外国語として学ぶ立場では、必ずする言葉（例："玩儿 wánr"遊ぶ）は出来るように、また"儿化"しても聴き取れるようにしておけば、無理に舌をレロレロさせなくてもいいでしょう。

第10課 音節数と拍数　ゼロの子音と隔音マーク　いつも笑顔で!

■ 音節数と拍数 ◁ CD 25

图	tú	1字＝1音節＝1拍
图书	túshū	2字＝2音節＝1.2拍くらい
图书馆	túshūguǎn	3字＝3音節＝1.5拍くらい

＊1字1音節だが、音節数と拍数は足し算にならない。

練習 ◎手拍子で拍を確認しながら発音しましょう。 CD 26

飞	fēi	飞机	fēijī	飞机场	fēijīchǎng
电	diàn	电影	diànyǐng	电影院	diànyǐngyuàn
二	èr	二十	èrshí	二十二	èrshí'èr

■ ゼロの子音と隔音マーク ◁ CD 27

| 西安 | Xī'ān | 「'」がないと、"先 xiān"と区別がつかない |
| 天安门 | Tiān'ānmén | "tiā"という音節はないが「'」を入れる |

＊ i u ü で始まる音節は y w を補うので、隔音マークは不要。

練習 ◎「'」に気をつけて発音しましょう。 CD 28

江岸	jiāng'àn	× jiān gàn
宠爱	chǒng'ài	× chǒn gài
感恩	gǎn'ēn	× gǎ nēn

■ いつも笑顔で! ◁

【学習ポイント】

音節数と拍数

　1文字は1音節で、1拍です。しかし、2文字は2音節ですが、2拍になりません。3文字は3音節ですが、3拍にはなりません。文字数と音節数は足し算のように1つずつ増えますが、拍数はさほど増えないので、一音節語よりは二音節語のほうが忙しいですし、三音節語はもっと忙しくなります。音節数が増えるにつれて、速く聞こえるわけです。

　同じくらいの拍数（時間）の中に多くの音節を詰め込むので、どこかを短くしなくては間に合いません。そのために、声調が軽く弱くなる箇所が出てきます。軽声のようになるのです。どこが軽くなるかは、言葉によって異なります。

　同じことはフレーズやセンテンスについても言えます。中国語は1字ずつ音節は独立していて、リエゾンや音の消失がありません。しかしフレーズやセンテンスになると、すべての字、すべての音節を、同じような調子で**粒のように**発音していくわけではありません。内容にあわせて、まず声調に消失するものが出てきて、声調の軽重やそれによって生じるスピードの緩急に応じて、音の高さも微妙に上下し、全体として**波のように**うねりが現れます。

　日本語は拍数が同じ（等拍）なので、中国語を話したり読む時にも1音節ずつ置くように発音しがちですが、せっかく正確な発音でも伝わりづらいことがあります。内容にあわせて**かたまりで**発音できるように、録音を聴きながら練習することが必要です。

ゼロの子音と隔音マーク

　ゼロの子音（グロッタルストップ、声門閉鎖）と呼ばれるものがあります。子音のない音節（母音で始まる音節）にも「んっ!」とのどを閉める**ゼロの子音**があるために、"天安門"の"安 ān"はその前の"天 tiān"の n とくっついて nan になることなく、一字ずつ音節は独立して"tiān ān mén"になります。このとき、隔音マークを入れて"tiān'ānmén"とピンインでは表記します。隔音マークがないと、"tiā nān mén"と区別がつかないからです。もっとも、"tiā"と発音する字はありません。そういう場合でも隔音マークは入れておきます。

　i u ü で始まる音節は y w を補うので、隔音マークは不要です。この狭い母音は、よく介音になり、この音で始まる音節も多いので、y w を補って表記します。

いつも笑顔で!

　音節の中でもっとも多く使われるのは何だと思いますか？　初級でよく使う900字を数えてみたら、1位は shi の23字、2位は ji の20字、3位は zhi の17字でした。yi も14字あります。基本はやはり i なんですね。「イ」の音色は唐代のころから多く使われていました。

　ですから、中国語の発音の最大のポイントは、

　いつも笑顔で!

コラム

ナレーター並みの発音をめざす人のために

　中国語の発音をネイティブ並み、さらに高望みしてナレーターやアナウンサー並みにしたい人のために、プロ仕様の発音レッスンを紹介しましょう。

0. お腹から声を出す

　ふだん胸だけを使って呼吸している人は、腹式呼吸を練習しましょう。あおむけになってお腹（おへその下）を触りながら息を吸ったり吐いたりしてみてください。息を吸うときにお腹がふくれ、吐くと平らになるのが、腹式呼吸です。

1. 顔の筋肉を鍛える

　いつまでも日本人っぽさが抜けない、中国人のような発音にならない理由の1つは、発音に必要な顔（唇と舌）の筋力の不足です。まず必要な筋肉を鍛える体操をしましょう。

①唇（中央3分の1を使う）
1) ほほの筋肉を持ち上げた笑い顔で、唇を横にひいて3秒キープ、すぼめて3秒キープ。
2) 唇を閉じて牛の咀嚼みたいに、右にぐるぐる、左にぐるぐる、ゆっくりやる。
3) 唇を閉じて池の鯉みたいに、「ぱっぱっ」とパクパクさせる。

②舌（中央縦ラインを使う）
1) 舌先は下歯の裏側につけたまま、上の歯で舌中央ラインを縦にできるだけ奥までなぞっていき（舌は持ち上がって前のめりになる。でも舌先は下歯の裏側から離さない）、3秒キープ。
2) 舌先で左頬を内側から押して3秒キープ、右頬を内側から押して3秒キープ。
3) 舌先を糸のように細くして、50センチくらい先の針の穴（があると想定して）に通すように、前に伸ばす。

2. 顔の構え

　基本はにっこり笑った顔ですが、口腔内を広くします。あくびをするような、くしゃみをするような気持ちで、のどの奥のほうを開けます。

3. 発音のコツ

　子音は、唇の中央3分の1、舌の中央の縦ラインに力を集め、そこを使って音を作ります。母音は、「開く母音は閉じ気味に、閉じる母音は開き気味に、前寄りの母音は後ろ気味に、

後ろ寄りの母音は前気味に」、音を口腔の中央に集める感じにします。

　それぞれの音節では、**帰音**を意識します。出だしの顔の構えは i と u が大事、と発音篇で述べましたが、出し終わりも同じです。ピンインは表記上の都合で書き換えられているものがありましたね。唇をすぼめる u で終わるのは、複母音では ao〔au〕ou iao〔iau〕iou の4つ、ほかは唇を横にひく基本の顔で終わります。

　声調は、高低の幅を大きめに練習。二音節語や四字語、フレーズや文は、意味によって重点（アクセント）があるので、そこをはっきりと。

4. 声の響かせ方・出し方

　口腔内で共鳴させた声を、拡散させず細く前へ出します。鼻の下（上唇との間）の辺りから、ダーツを飛ばすような気持ちで。

練習 CD 29

Sìshēng gē
四声 歌
Xuéhǎo shēngyùn biàn sìshēng, yīnyángshǎngqù yào fēnmíng.
学好 声韵 辨 四声，阴阳上去 要 分明。
Bùwèi fāngfǎ yào zhǎozhǔn, kāiqíhécuō shǔ kǒuxíng.
部位 方法 要 找准，开齐合撮 属 口形。
Shuāngchún bān bào bì bǎi bō, shémiàn jī jié jiāo jiān jīng.
双唇 班 报 必 百 波，舌面 积 结 教 坚 精。
Qiàoshé zhǔ zhēng zhēn zhī zhào, píngshé zī zé zǎo zài zēng.
翘舌 主 争 真 知 照，平舌 资 则 早 在 增。
Cāyīn fā fān fēi fēn fù, sòngqì chá chái chǎn chè chēng.
擦音 发 翻 飞 分 复，送气 查 柴 产 彻 称。
Hékǒu hū wǔ kū hú gǔ, kāikǒu gāo pō gē ān kāng.
合口 呼 午 枯 胡 古，开口 高 坡 歌 安 康。
Cuōkǒu xū xué xún xú jù, qíchǐ yī yōu yáo yè yīng.
撮口 虚 学 寻 徐 剧，齐齿 衣 优 摇 业 英。
Qiánbí ēn yīn yān wān wěn, hòubí áng yíng zhōng yōng shēng.
前鼻 恩 因 烟 弯 稳，后鼻 昂 迎 中 拥 生。
Yǎojǐn zì tóu guī zìwěi, yīnyángshǎngqù jì biànshēng.
咬紧 字头 归 字尾，阴阳上去 记 变声。
Xúnxù jiànjìn jiānchí liàn, bù nán dádào chún hé qīng.
循序 渐进 坚持 练，不 难 达到 纯 和 清。

四声の歌（意味）

子音と母音をしっかり学んで四声を区別しよう、
陰平（1声）・陽平（2声）・上声（3声）・去声（4声）ははっきりと。
部位と方法を正しく探そう、
開口呼（介音なし）・斉歯呼（介音 i）・合口呼（介音 u）・撮口呼（介音 ü）は口の形。
両唇の子音は：班（bān）报（bào）必（bì）百（bǎi）波（bō）、
舌面の子音は：积（jī）结（jié）教（jiāo）坚（jiān）精（jīng）。
舌をそる子音は：主（zhǔ）争（zhēng）真（zhēn）知（zhī）照（zhào）、
舌が平らな子音は：资（zī）则（zé）早（zǎo）在（zài）增（zēng）。
摩擦音は：发（fā）翻（fān）飞（fēi）分（fēn）复（fù）、
有気音は：查（chá）柴（chái）产（chǎn）彻（chè）称（chēng）。
u で始まる：呼（hū）午（wǔ）枯（kū）胡（hú）古（gǔ）、
介音のない：高（gāo）坡（pō）歌（gē）安（ān）康（kāng）。
ü で始まる：虚（xū）学（xué）寻（xún）徐（xú）剧（jù）、
i で始まる：衣（yī）优（yōu）摇（yáo）业（yè）英（yīng）。
n で終わる：恩（ēn）因（yīn）烟（yān）弯（wān）稳（wěn）、
ng で終わる：昂（áng）迎（yíng）中（zhōng）拥（yōng）生（shēng）。
音節は構えしっかり帰音はっきり、1声2声3声4声と変調も覚えよう。
順序よく段階的に練習を続ければ、クリアな発音にするのは易しいよ。

声調のパターンと変化

　中国語は、2音節語が圧倒的に多く、長い言葉になっても、"中华／人民／共和／国"のように2音節で区切れることが多いので、2音節ずつ固まりで発音する練習をしましょう。ポイントは、母音と母音をつなぐような気持ちで、2音節を1語として読むことです。

　声調は、いつも同じ高さや長さではありません。1音節語と2音節語では、文字数や音節数は増えても拍数はそれほど増えません。そのため2音節になると、最後まで終わらないうちに次の音節に移動します。2音節語では、原則として後ろの音節がハッキリ。

　3声がもっとも違いが顕著ですが、1音節のときは最後がかなり高く持ち上がって終わります。それに対して、2音節語の第1音節の3声は、低いだけで、持ち上がる部分がありません。また2音節語の第2音節の3声は、持ち上がりますが低音域を出ずに終わります。

　これを図にしました。1～5の数字は、声の高さを示します（1が低く、5が高い）。これまでシンプルにモデル化して声調を説明してきましたが、より厳密には図のような高低の変化があります。線の太さは、声の強さを表します。

　声調は、1音節の時がもっとも強くハッキリ。2音節語は後ろの音節がハッキリ。
　ただし後ろが軽声のときは、第1音節がしっかり強く発音されます。

発音編　コラム　声調のパターンと変化

jīntiān	Zhōngguó	shēntǐ	gōngzuò	māma
今天	中国	身体	工作	妈妈
きょう	中国	からだ	仕事	お母さん
xióngmāo	tóngxué	píjiǔ	xuéxiào	péngyou
熊猫	同学	啤酒	学校	朋友
パンダ	クラスメート	ビール	学校	友だち
lǎoshī	yǒumíng	Nǐ hǎo!	Qǐng wèn.	xǐhuan
老师	有名	你好!	请问。	喜欢
先生	有名だ	こんにちは。	お尋ねします。	好きだ
Kàn shū.	liànxí	Rìběn	Zàijiàn!	Xièxie!
看书。	练习	日本	再见!	谢谢!
本を読む。	練習する	日本	さようなら。	ありがとう。

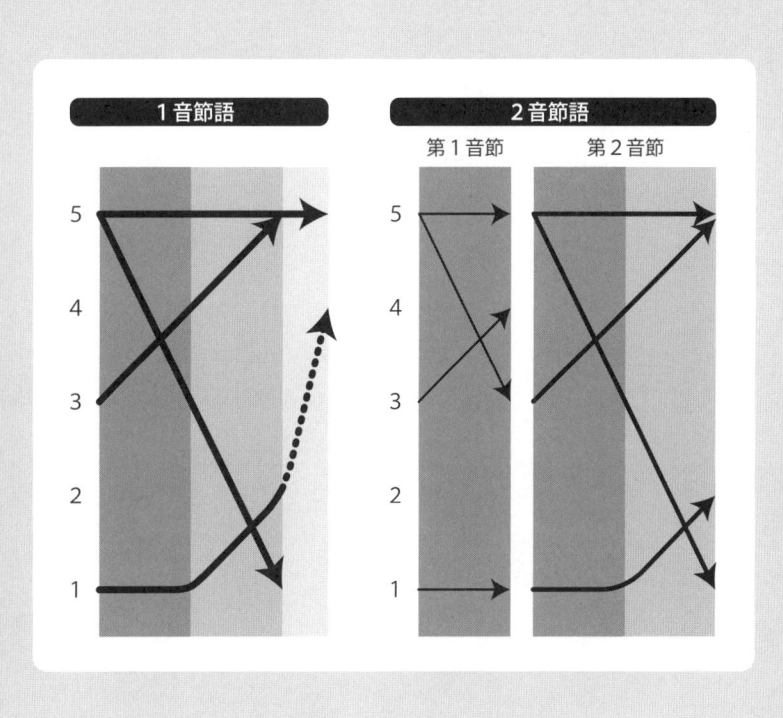

1音節語

2音節語　第1音節　第2音節

唐詩

有名な唐詩を中国語で読んでみましょう。五言詩は2字+3字、七言詩は2字+2字+3字のリズムがあります。1音ずつ正確に発音できるようになったら、詩のリズムにも気をつけてみてください。

Dēng Guànquè lóu　　　Wáng Zhīhuàn
登 鸛雀 楼　　　　　　王 之涣
　鸛鵲楼に登る　　　（唐）王之涣

bái rì yī shān jìn
白 日 依 山 尽　　　白日　山に依って尽き

huáng hé rù hǎi liú
黄 河 入 海 流　　　黄河　海に入って流る

yù qióng qiān lǐ mù
欲 穷 千 里 目　　　千里の目を窮めんと欲して

gèng shàng yì céng lóu
更 上 一 层 楼　　　更に上る　一層の楼

Sòng Yuán Èr shǐ Ānxī　　　Wáng Wéi
送 元 二 使 安西　　　　　　王 维
　元二の安西に使いするを送る　（唐）王維

wèi chéng zhāo yǔ yì qīng chén
渭 城 朝 雨 浥 轻 尘　　　渭城の朝雨　軽塵を浥し

kè shè qīng qīng liǔ sè xīn
客 舍 青 青 柳 色 新　　　客舎青青　柳色新なり

quàn jūn gèng jìn yì bēi jiǔ
劝 君 更 尽 一 杯 酒　　　君に勧む　更に尽くせ一杯の酒

xī chū yáng guān wú gù rén
西 出 阳 关 无 故 人　　　西のかた陽関を出づれば
　　　　　　　　　　　　　故人無からん

＊旅人を見送る詩で、三回繰り返して歌われたことから「陽関三畳」とも呼ばれます。

短い散文

100年も前に書かれた文章ですが、いまでも中国の国語の教科書などで多くの人が学んでいる散文です。暗誦できる人もたくさんいます。

意味を考えながら、内容の区切りでまとまって読めるように練習しましょう。1音ずつの発音が正確でも、意味と関係のない箇所で切ったり、とぎれとぎれに読んだり発音していると、伝わりません。日本語でも「うらに・わに・わにわにわと・りがいる」と言われても何のことか分かりませんね？「うらにわには・にわ・にわとりがいる（裏庭には二羽ニワトリがいる）」と言わないと伝わりません。

Cōngcōng　　Zhū Zìqīng
匆 匆　　　朱 自 清

Yànzi qù le, yǒu zài lái de shíhou; yángliǔ kū le, yǒu zài qīng de
燕子 去 了, 有 再 来 的 时候; 杨柳 枯 了, 有 再 青 的
shíhou; táohuā xiè le, yǒu zài kāi de shíhou.
时候; 桃花 谢 了, 有 再 开 的 时候。
　　Dànshì, cōngming de, nǐ gàosu wǒ, wǒmen de rìzi wèishénme yí
但是, 聪明 的, 你 告诉 我, 我们 的 日子 为什么 一
qù bú fù fǎn ne?　　Shì yǒu rén tōu le tāmen ba: nà shì shéi?
去 不 复 返 呢?——是 有 人 偷 了 他们 吧：那 是 谁？
Yòu cángzài héchù ne?　Shì tāmen zìjǐ táozǒu le ba: xiànzài yòu dào le
又 藏在 何处 呢？是 他们 自己 逃走 了 吧：现在 又 到 了
nǎlǐ ne?
哪里 呢？
　　Wǒ bù zhīdào tāmen gěi le wǒ duōshao rìzi; dàn wǒ de shǒu
我 不 知道 他们 给 了 我 多少 日子；但 我 的 手
quèhū shì jiànjiàn kōngxū le.　Zài mòmò li suànzhe, bā qiān duō rìzi
确乎 是 渐渐 空虚 了。在 默默 里 算着, 八 千 多 日子
yǐjīng cóng wǒ shǒuzhōng liūqù; xiàng zhēnjiān shang yì dī shuǐ dīzài
已经 从 我 手中 溜去；像 针尖 上 一 滴 水 滴在
dàhǎi li, wǒ de rìzi dīzài shíjiān de liú li, méiyǒu shēngyīn, yě
大海 里, 我 的 日子 滴在 时间 的 流 里, 没有 声音, 也
méiyǒu yǐngzi.　Wǒ bújìn tóu céncén ér lèi shānshān le.
没有 影子。我 不禁 头 涔涔 而 泪 潸潸 了。
　　Qù de jǐnguǎn qù le, lái de jǐnguǎn láizhe; qùlái de zhōngjiān,
去 的 尽管 去 了, 来 的 尽管 来着；去来 的 中间 ,
yòu zěnyàng de cōngcōng ne? Zǎoshang wǒ qǐlái de shíhou, xiǎowū li
又 怎样 地 匆匆 呢？早上 我 起来 的 时候, 小屋 里

射进两三方斜斜的太阳。太阳他有脚啊,轻轻悄悄地挪移了;我也茫茫然跟着旋转。于是——洗手的时候,日子从水盆里过去;吃饭的时候,日子从饭碗里过去;默默时,便从凝然的双眼前过去。我觉察他去的匆匆了。伸出手遮挽时,他又从遮挽着的手边过去,天黑时,我躺在床上,他便伶伶俐俐地从我身上跨过,从我脚边飞去了。等我睁开眼和太阳再见,这算又溜走了一日。我掩着面叹息。但是新来的日子的影儿又开始在叹息里闪过了。

在逃去如飞的日子里,在千门万户的世界里我能做些什么呢?只有徘徊罢了,只有匆匆罢了;在八千多日的匆匆里,除徘徊外,又剩些什么呢?过去的日子如轻烟,被微风吹散了,如薄雾,被初阳蒸融了;我留着些什么痕迹呢?我赤裸裸来到这世界,转眼间也将赤裸裸的回去吧?但不能平的,为什么偏要白白走这一遭啊?

你聪明的,告诉我,我们的日子为什么一去不复返呢?

1922年3月28日

匆匆（そうそう）

　ツバメは飛び去っても、また来る。柳は枯れても、また芽吹く。桃の花は色あせても、また咲く。

　なのに、聡明なあなた、教えてください。私たちの日々はなぜ、ひとたび過ぎ去ったら戻ってこないのですか？──誰かが盗んだの？　それは誰？　どこに隠しているの？　彼らが自分で逃げて行ったの？　いまはどこにいるの？

　彼らは私にどれほどの日々を与えてくれたのか、私は知らない。だが私の手が少しずつからっぽになっているのは確かだ。そっと数えてみると、もう八千余りの日々が、すでに私の手からこぼれ落ちた。針先の一滴の水が大海に滴るように、私の日々は時間の流れの中に滴る。音もなく、影もなく。私は思わずこうべを垂れ、はらはらと涙をこぼした。

　去るものは敢然と去り、来るものは敢然と来る。去来する間は、どうしてこうも慌ただしいのだろう？　朝、目が覚めるとき、部屋のあちこちに低く太陽の光が差し込んでいる。太陽には足があるのだ。そっと動いていくから、私もぼんやりと付いていく。そして──顔を洗うときには、時間は洗面器の中から去る。食事するときには、時間は茶碗の中から去る。ただ黙っていると、見つめている目の前から去っていく。そそくさと去ってしまうのを察知して、手を伸ばして引きとめようとすると、引きとめるその手の先から去ってしまう。夜になってベッドに横になると、てきぱきと私の身体をまたいで、足もとから飛び去っていく。私が目を開いて再び太陽を見たときは、また一日が逃げ去ったわけである。私は顔を覆ってため息をつく。しかし新しくやってきた一日の影もまた、ため息の中からさっと逃げ始める。

　飛ぶように逃げ去っていく日々、この広い世界で、私は何かを成せるのだろうか？　ただ当てもなく徘徊するだけだ。ただせわしなくしているだけだ。八千日あまりの慌ただしい日々を、ウロウロする以外に、何かしてきたであろうか？　過ぎ去った日々は軽い煙のように、そよ風に吹かれて散った。薄い霧のように、明け方の太陽に照らされて蒸発した。私はどんな痕跡を残してきただろう？　ただようクモの糸ほどの痕跡でも残したことがあるだろうか？　私は裸でこの世界にやってきて、またたく間にまた裸のまま去っていくのだろう。だが安穏とはしていられない。どうしてむざむざと無為な日々を送れようか？

　聡明なあなた、教えてください。私たちの日々はなぜ、ひとたび過ぎ去ったら戻ってこないのですか？

発音編　コラム　短い散文

外郎売り

アナウンサーや俳優など話すことを仕事とする人が発音（とくに滑舌）をよくするために練習するものです。外郎（ういろう。仁丹のような薬）を売る口上が、早口言葉になっています。最初はなかなか言えませんが、練習していると滑らかに発音できるようになります。日本語ですから、力の入れどころ、力の抜きどころをつかみやすい。うまく読めるようになると、中国語を発音する時にも唇や舌を楽に動かせるようになりますので、練習してみてください。

外郎売り（ういろううり）

　拙者親方と申すは、御立合の中に御存知のお方もござりましょうが、お江戸を立って二十里上方、相州小田原、一色町をお過ぎなされて、青物町を登りへお出でなされば、欄干橋虎屋藤右衛門、只今は剃髪いたして円斎と名のります。元朝より大晦日まで、お手に入れまする此の薬は、昔、ちんの国の唐人、外郎という人、わが朝へ来たり、帝へ参内の折から、この薬を深く籠め置き、用ゆる時は一粒づつ、冠のすき間より取出す。依ってその名を、帝より「頂透香」と賜る。即ち文字には、「いただき、すく、におい」と書いて「とうちんこう」と申す。只今は此の薬、殊の外世上に弘まり、ほうぼうに似看板を出し、イヤ、小田原の、灰俵の、さん俵の、炭俵のと、色々に申せども、平仮名を以って「うゐろう」と記せしは親方円斎ばかり、もしやお立合いの内に、熱海か、塔の沢へ湯治にお出なさるか、又は、伊勢御参宮の折からは、必ず門ちがいなされまするな。お登りならば右の方、お下りならば左側、八方が八つ棟、

おもてが三つ棟玉堂造り、破風には菊に桐のとうの御紋をご赦免あって、系図正しき薬でござる。イヤ最前より家名の自慢ばかり申しても、ご存知ない方には、正身の胡椒の丸呑、白河夜船、さらば一粒たべかけて、その気味合いをお目にかけましょう。

　先づ此の薬を、かように一粒舌の上にのせまして、腹内へ納めますると、イヤどうも言えぬは、胃、心、肺、肝がすこやかに成って、薫風喉より来り、口中微涼を生ずるが如し、魚鳥、きのこ、麺類の喰合せ、その外、万病速効あること神の如し。

　さて、この薬、第一の奇妙には、舌のまわることが、銭独楽がはだしで逃げる。ひょっと舌がまわり出すと、矢も楯もたまらぬじゃ。そりゃそりゃそらそりゃ、まわってきたは、廻ってくるは、アワヤ喉、サタラナ舌に、カ牙サ歯音、ハマの二つは唇の軽重、開合さわやかに、アカサタナハマヤラワオコソトノホモヨロオ、一つへぎへぎに、へぎほしはじかみ、盆まめ、盆米、盆ごぼう、摘蓼、つみ豆、つみ山椒、書写山の社僧正、粉米のなまがみ、粉米のなまがみ、こん粉米のこなまがみ、儒子、緋儒子、儒子、儒珍、親も嘉兵衛、子も嘉兵衛、親かへい子かへい、子かへい親かへい、ふる栗の木の古切口、雨がっぱか、番合羽か、貴様のきゃはんも皮脚絆、我等がきゃはんも皮脚絆、しつかは袴のしっぽころびを、三針はりながにちょと縫うて、ぬうてちょとぶんだせ、かはら撫子、野石竹、のら如来、のら如来、三のら如来に六のら如来、一寸先のお小仏に、おけつま

発音編　コラム　外郎売り

づきゃるな、細溝(ほそみぞ)にどじょにょろり、京(きょう)の生鱈(なまだら)、奈良(なら)なま学鰹(まながつお)、ちょと四五貫目(しごかんめ)、お茶立(ちゃた)ちょ、茶立(ちゃだ)ちょ、ちゃっと立(た)ちょ茶立(ちゃだ)ちょ、青竹茶煎(あおだけちゃせん)で、お茶(ちゃ)ちゃと立(た)ちゃ。来(く)るは来(く)るは、何(なに)が来(く)る。高野(こうや)の山(やま)のおこけら小僧(こぞう)、狸(たぬき)百匹(ひゃっぴき)、箸(はし)百(ひゃく)ぜん、天目(てんもく)百(ひゃっ)ぱい、棒(ぼう)八百本(はっぴゃっぽん)。武具(ぶぐ)、馬具(ばぐ)、武具(ぶぐ)、馬具(ばぐ)、三(み)ぶぐばぐ、合(あわ)せて武具馬具(ぶぐばぐ)六(む)武具馬具(ぶぐばぐ)、菊(きく)、栗(くり)、菊栗(きくくり)、三菊栗(みきくくり)、合(あわ)せて菊栗(きくくり)、六菊栗(むきくくり)、麦(むぎ)ごみ麦(むぎ)ごみ、三麦(みむぎ)ごみ、合(あわ)せて麦(むぎ)ごみ六麦(むむぎ)ごみ、あのなげしの長(なが)なぎなたは、誰(た)がなげしの長薙刀(ながなぎなた)ぞ、向(む)こうのごまがらは、荏(え)の胡麻(ごま)がらか、真胡麻(まごま)がらか、あれこそほんの真胡麻(まごま)が、がらぴいがらぴい風車(かざぐるま)、おきゃがれこぼし、おきゃがれこ法師(ぼし)、ゆんべもこぼして又(また)こぼした、たあぷぽぽ、たあぷぽぽ、ちりから、ちりから、つったっぽ、たっぱだっぽ一干(いちひい)だこ、落(お)ちたら煮(に)てくを、煮(に)ても焼(や)いても喰(く)われぬものは、五徳(ごとく)、鉄(てっ)きゅう、かな熊(ぐま)どうじに、石熊(いしぐま)、石持(いしもち)、虎熊(とらぐま)、虎(とら)きす、中(なか)にも、東寺(とうじ)の羅生門(らしょうもん)には茨城童子(いばらきどうじ)がうで栗五合(ぐりごんごう)つかんでおむしゃる、かの頼光(らいこう)のひざ元(もと)去(さ)らず、鮒(ふな)、きんかん、椎茸(しいたけ)、定(さだ)めてごたんな、そば切(き)り、そうめん、うどんか、愚鈍(ぐどん)な小新発知(こしんぼち)、小棚(こだな)の、小下(こした)の、小桶(こおけ)に、こ味噌(みそ)が、こ有(あ)るぞ、こ杓子(しゃくし)、こもって、こすくって、こよこせ、おっと、がってんだ、心得(こころえ)たんぼの、川崎(かわさき)、神奈川(かながわ)、保土ヶ谷(ほどがや)、戸塚(とつか)を、走(はし)って行(ゆ)けば、やいとを摺(す)りむく、三里(さんり)ばかりか、藤沢(ふじさわ)、平塚(ひらつか)、大磯(おおいそ)がしや、小磯(こいそ)の宿(しゅく)を七(なな)つおきして、早天(そうてん)そうそう、相州(そうしゅう)小田原(おだわら)とうちんこう、隠(かく)れござらぬ貴賎(きせん)群衆(ぐんじゅ)の、花(はな)のお江戸(えど)の花(はな)いゐろう、あれあの花(はな)を見(み)て、お心(こころ)を、おやはら

ぎやという、産子、這う子に至るまで、此のうゐろうのご評判、ご存知ないとは申されまいまいつぶり、角だせ、棒だせ、ぼうぼうまゆに、うす、杵、すりばちばちばちぐゎらぐゎらぐゎらと、羽目をはずして今日お出での何茂様に、上げねばならぬ、売らねばならぬと、息せい引っぱり、東方世界の薬の元締、薬師如来も照覧あれと、ホホ敬って、うゐろうは、いらっしゃりませぬか。

歌舞伎十八番『外郎売』

　私の親方と申しますのは、お集まりの皆様の中にご存じのお方もいらっしゃいましょうが、お江戸をたって上方へ二十里、相模の国の小田原は一色町をお過ぎになって青物町をさらに上方においでなさいますと、欄干橋の虎屋藤右衛門、いまは出家いたしまして円斎と名乗っております。

　元旦から大晦日までお手に入りますこの薬は、昔、ちんの国の唐人の外郎という人が、日本に来て帝に参内された折に、この薬を深くしまっておいて、使う時は一粒ずつ冠の隙間から取り出しました。よってその名を、帝から「とうちんこう」と賜りました。文字では「頂（いただ）き、透（す）く、香（にお）い」と書いて、「とうちんこう」と申します。

　今ではこの薬、特別に世間にひろまり、あちこちに偽せ看板を出し、イヤ、「小田原」だの「灰俵」だの「さん俵」だの「炭俵」だのと色々に申しておりますが、ひらがなで「ういろう」と書きますのは、私の親方円斎のものだけでございます。

　もしやお集まりの皆様の中に、熱海か塔ノ沢へ湯治にお出かけなさいますか、または伊勢神宮にご参拝なさいます折には、必ず店をお間違えなさいますな。お上りならば右の方、お下りならば左側に、八方が八つの棟、表が三つの棟の玉堂造りの建物で、破風には菊に桐の臺の御紋を、お上からお許しいただいております、由緒正しい薬でございます。

　イヤ、さきほどから家名の自慢ばかり申しましても、ご存じない方には胡椒の丸呑み（味が分からない）、白河夜船（眠っている間に過ぎてしまう）、それなら一粒食べまして、その味わいをお目にかけましょう。

コラム　外郎売り

まず、この薬をこのように一粒舌の上にのせまして、腹の中に入れますと、イヤ、なんとも言えませんな。胃・心臓・肺・肝臓がすっきりいたしまして、薫風が喉から吹いてきて、口中に涼しい風が吹くようであります。魚・鳥・茸・麺類の食い合わせ、そのほか万病にたちどころに効き目があること、神わざのようであります。さて、この薬の効能の中でも第一にすばらしいことは、舌がまわって銭独楽がはだしで逃げるほど。ひょいと舌がまわり出すと、矢でも盾でも止まらぬ。

　そりゃそりゃ、そらそりゃ、まわってきたわ、まわってくるわ。ア行ワ行ヤ行の喉音、サ行タ行ラ行ナ行の舌音に、カ行の牙音、サ行の歯音、ハ行とマ行の二つは唇音の軽重、開口音も合口音もさわやかに、アカサタナハマヤラワ、オコソトノホモヨロヲ、ひとつへぎへぎに、へぎほし（薄い干し餅）をはじ嚙み、盆まめ・盆米・盆ごぼう、つみ蓼・つみ豆・つみ山椒、書写山（姫路にある古刹）の写僧正。粉米のなまがみ、粉米のなまがみ、粉米のちょいと生がみ。繻子・緋繻子・繻子・繻珍。親も嘉兵衛、子も嘉兵衛、親かへい子かへい、子かへい親かへい、ふる栗の木の古切口、雨合羽か番合羽か、貴様の脚絆も皮脚絆、我らが脚絆も皮脚絆、しっ皮袴のしっ綻びを、三針ほど針長に縫って、縫って表に飛び出せば、かわら撫子、野石竹。のら如来、のら如来、三のら如来に六のら如来、一寸先のお小仏にお蹴つまづきなさるな。細溝に泥鰌がにょろり。京の生鱈、奈良の生学鰹、ちょいと四五貫目。お茶をたてろ、茶をたてろ、ちゃっとたてろ、茶をたてろ、青竹茶筅でお茶をちゃっと立てれば、来るわ、来るわ、何が来る、高野山の木っ端小僧。狸百匹、箸百膳、天目百杯、棒八百本。武具・馬具・武具・馬具・三武具馬具・合わせて武具・馬具・六武具馬具。菊・栗・菊・栗・三菊栗、合わせて菊・栗・六菊栗。麦・ごみ・麦・ごみ・三麦ごみ・合せて麦・ごみ・六麦ごみ。あの長押の長薙刀は、誰の長薙刀だ。向こうの胡麻殻は、荏胡麻殻か、ふつうの胡麻殻か、あれこそ本当の真胡麻殻。がらぴいがらぴい風車、おきあがれ小法師、おきあがれ小法師、夕べもこぼして又こぼした。たあぷぽぽ、たあぷぽぽ、ちりから、ちりから、つったっぽ、たっぽだっぽ一干しタコ、落ちたら煮て食おう。煮ても焼いても食われぬものは、五徳（炉で鍋などを置く金具）・鉄灸（魚を焼く網）・金熊童子に、石熊・石持・虎熊・虎きす、中にも東寺の羅生門には、茨木童子が切られた腕とゆで栗五合をつかんでいらっしゃる。かの源頼光（大江山の酒呑童子を倒した）のお膝元、鮒（渡辺綱）・キンカン（坂田金時）・椎茸（占部季武）・定めて（碓井貞光。以上、頼光の家来四天王）の後段（食後の軽食）、そば切り・そうめん・うどんか、愚鈍な小新発知（仏門に入ったばかりの人）。棚の下の桶に味噌がちょっとあるぞ、杓子を持ってきてすくってよこしなさい。おっと合点だ、心得たんぼの川崎、神奈川、保土ヶ谷、戸塚を走って行けば、やいと（膝下にあるツボ。三里ともいう）を摺りむく、三里ばかりか、藤沢、平塚、大磯がしや、小磯の宿を七つ（午前四時）に起きて早朝に出発した、相州小田原の透頂香、天下に名が知れております。貴い方もそうでない方も、たくさんお集まりの花のお江戸の花ういろう。あれ、あの花を見てお心をお慰めなさ

いませという。赤ん坊・ハイハイする子にいたるまで、この外郎の御評判をご存じないとは申されますまい。まいまいつぶり（かたつむり）、角出せ、棒出せ、ぼうぼうまゆに、臼・杵・すりばち、ばちばちがらがらと、羽目をはずして、今日ここにおいでのどなたさまにも、さし上げねばならぬ、売らねばならぬと、息せき切って、東方世界の薬の元締め、薬師如来もご照覧くださいませと、ホホ、ご挨拶いたしまして、ういろうは、お入り用ではございませんか。

発音編 コラム 外郎売り

中 国 語

	韻母 声母	(1) a	(2) o	(3) e	(4) i [ɿ]	(5) i [ʅ]	(6) er	(7) ai	(8) ei	(9) ao	(10) ou	(11) an	(12) en	(13) ang	(14) eng	(15) ong	(16) i	(17) ia	(18) ie	(19) iao	(20) iou
⓪	ゼロ	a	o	e			er	ai	ei	ao	ou	an	en	ang	eng	ong	yi	ya	ye	yao	you
①	b	ba	bo					bai	bei	bao		ban	ben	bang	beng		bi		bie	biao	
②	p	pa	po					pai	pei	pao	pou	pan	pen	pang	peng		pi		pie	piao	
③	m	ma	mo	me				mai	mei	mao	mou	man	men	mang	meng		mi		mie	miao	miu
④	f	fa	fo						fei		fou	fan	fen	fang	feng						
⑤	d	da		de				dai	dei	dao	dou	dan	den	dang	deng	dong	di	dia	die	diao	diu
⑥	t	ta		te				tai		tao	tou	tan		tang	teng	tong	ti		tie	tiao	
⑦	n	na		ne				nai	nei	nao	nou	nan	nen	nang	neng	nong	ni		nie	niao	niu
⑧	l	la	lo	le				lai	lei	lao	lou	lan		lang	leng	long	li	lia	lie	liao	liu
⑨	g	ga		ge				gai	gei	gao	gou	gan	gen	gang	geng	gong					
⑩	k	ka		ke				kai	kei	kao	kou	kan	ken	kang	keng	kong					
⑪	h	ha		he				hai	hei	hao	hou	han	hen	hang	heng	hong					
⑫	j																ji	jia	jie	jiao	jiu
⑬	q																qi	qia	qie	qiao	qiu
⑭	x																xi	xia	xie	xiao	xiu
⑮	zh	zha		zhe		zhi		zhai	zhei	zhao	zhou	zhan	zhen	zhang	zheng	zhong					
⑯	ch	cha		che		chi		chai		chao	chou	chan	chen	chang	cheng	chong					
⑰	sh	sha		she		shi		shai	shei	shao	shou	shan	shen	shang	sheng						
⑱	r			re		ri				rao	rou	ran	ren	rang	reng	rong					
⑲	z	za		ze	zi			zai	zei	zao	zou	zan	zen	zang	zeng	zong					
⑳	c	ca		ce	ci			cai		cao	cou	can	cen	cang	ceng	cong					
㉑	s	sa		se	si			sai		sao	sou	san	sen	sang	seng	song					

音節表

(21)	(22)	(23)	(24)	(25)	(26)	(27)	(28)	(29)	(30)	(31)	(32)	(33)	(34)	(35)	(36)	(37)	(38)
介音 i					介音 u									介音 ü			
ian	in	iang	ing	iong	u	ua	uo	uai	uei	uan	uen-un	uang	ueng	ü	üe	üan	ün
yan	yin	yang	ying	yong	wu	wa	wo	wai	wei	wan	wen	wang	weng	yu	yue	yuan	yun
bian	bin		bing		bu												
pian	pin		ping		pu												
mian	min		ming		mu												
					fu												
dian			ding		du		duo		dui	duan	dun						
tian			ting		tu		tuo		tui	tuan	tun						
nian	nin	niang	ning		nu		nuo			nuan				nü	nüe		
lian	lin	liang	ling		lu		luo			luan	lun			lü	lüe		
					gu	gua	guo	guai	gui	guan	gun	guang					
					ku	kua	kuo	kuai	kui	kuan	kun	kuang					
					hu	hua	huo	huai	hui	huan	hun	huang					
jian	jin	jiang	jing	jiong										ju	jue	juan	jun
qian	qin	qiang	qing	qiong										qu	que	quan	qun
xian	xin	xiang	xing	xiong										xu	xue	xuan	xun
					zhu	zhua	zhuo	zhuai	zhui	zhuan	zhun	zhuang					
					chu	chua	chuo	chuai	chui	chuan	chun	chuang					
					shu	shua	shuo	shuai	shui	shuan	shun	shuang					
					ru	rua	ruo		rui	ruan	run						
					zu		zuo		zui	zuan	zun						
					cu		cuo		cui	cuan	cun						
					su		suo		sui	suan	sun						

発音編　中国語音節表

テキスト篇

第 1 課　你好！　◎述語による文の種類

Nǐ hǎo!
你好！

Wǒ xìng Tiánzhōng, jiào Tiánzhōng Ài.
我姓田中，叫田中爱。

Wǒ shì xuésheng.
我是学生。

Wǒ èr shí suì.
我二十岁。

Wǒ shēntǐ hěn hǎo.
我身体很好。

Wǒ xuéxí Hànyǔ.
我学习汉语。

Rènshi nǐ, wǒ hěn gāoxìng.
认识你，我很高兴。

新出語句

你	nǐ	あなた		岁	suì	…歳
好	hǎo	よい		身体	shēntǐ	身体
我	wǒ	わたし		很	hěn	とても
姓	xìng	(姓を) …という		学习	xuéxí	勉強する
叫	jiào	(フルネームを) …という		汉语	Hànyǔ	中国語
是	shì	…だ		认识	rènshi	知り合う
学生	xuésheng	学生、生徒		高兴	gāoxìng	嬉しい、喜ぶ

こんにちは！　私は苗字を田中といいます。名前は田中愛です。学生です。二十歳です。私は身体が健康です。中国語を勉強しています。あなたと知り合えて、嬉しいです。

【学習ポイント】

◎述語による文の種類 参照▶94p

1、動詞述語文 参照▶118p

我**是**学生。　　"是"は特殊な動詞です。

我**学习**汉语。

2、形容詞述語文

我很**高兴**。

3、名詞述語文

我**二十岁**。

4、主述述語文

我**身体很好**。

練習 ◎自己紹介しましょう。

単語帳

【人称代名詞】

一人称	**我**	wǒ	わたし	**我们**	wǒmen	私たち
二人称	**你**	nǐ	あなた	**你们**	nǐmen	あなたたち
	您	nín	（丁寧な）貴方			
三人称	**他**	tā	かれ	**他们**	tāmen	彼ら
	她	tā	彼女	**她们**	tāmen	彼女たち
	它	tā	それ	**它们**	tāmen	それら

◎呼びかけるとき

小…	xiǎo…		…くん（年下に）	**老**…	lǎo…	…さん（年上に）
小朋友	xiǎo péngyou		おともだち（子どもに）	**大家**	dàjiā	みなさん（大勢に）

【挨拶ことば】

您贵姓？	Nín guì xìng?	苗字は何とおっしゃるのですか？
我姓…。	Wǒ xìng ….	私は苗字を……といいます。
你叫什么名字？	Nǐ jiào shénme míngzi?	お名前（フルネーム）は何ですか？
我叫…。	Wǒ jiào ….	私は名前（フルネーム）を…といいます。

第 2 課　介绍

◎名詞を修飾する
　（動詞・形容詞を修飾する）
◎副詞の位置
◎"有"と"在"

Nǐ kàn, zhè shì wǒ quán jiā de zhàopiàn.
你看，这是我全家的照片。

Zhè shì wǒ bàba, tā shì yīshēng.
这是我爸爸，他是医生。

Zhè shì wǒ māma, tā de gōngzuò shì lǎoshī.
这是我妈妈，她的工作是老师。

Zhè shì wǒ dìdi, tā wǔ suì, hěn kě'ài.
这是我弟弟，他五岁，很可爱。

Wǒ jiā hái yǒu xiǎo māo hé lǎo gǒu.
我家还有小猫和老狗。

Wǒ zài zhèr.
我在这儿。

新出語句

看	kàn	見る	老师	lǎoshī	教師
这	zhè	これ	弟弟	dìdi	おとうと
全	quán	全部の	可爱	kě'ài	かわいい
家	jiā	家	还	hái	そのうえ、さらに
的	de	…の（名詞を修飾する）	有	yǒu	ある、いる
照片	zhàopiàn	写真	小	xiǎo	小さい、若い
爸爸	bàba	お父さん	猫	māo	ねこ
他	tā	彼	和	hé	…と
医生	yīshēng	医者	老	lǎo	年をとった
妈妈	māma	お母さん	狗	gǒu	犬
她	tā	彼女	在	zài	いる
工作	gōngzuò	仕事（する）	这儿	zhèr	ここ

見て、これは私の家族の写真です。これは私のお父さんです。医者です。これは私のお母さんです。彼女の仕事は教師です。これは私の弟です。五歳です。とても可愛いです。私の家にはほかに子猫と年寄りの犬がいます。私はここにいます。

【学習ポイント】

◎名詞を修飾する

名詞を修飾するとき、その前に"的"が必要です。ただし、家族や国のときは省略します。

　　这是**我爸爸**。

　　她的工作是老师。

＊動詞や形容詞を修飾するときは、その前に"地 de"を使います。　参照▶84p

◎副詞の位置　　　　　　　　　　　　　　　　　　　参照▶96p

主語の後ろ、述語の前。

　　我家**还**有小猫和老狗。

◎"有"と"在"　　　　　　　　　　　　　　　　　　参照▶120p

所有の"有"、存在の"在"。

　　我家还**有**小猫和老狗。

　　我**在**这儿。

練習 ◎家族を紹介しましょう。

単語帳

【こそあど】	这	zhè	これ	那	nà	それ、あれ	哪	nǎ	どれ
	这个	zhège	この	那个	nàge	その、あの	哪个	nǎge	どの
	这儿	zhèr	ここ	那儿	nàr	そこ、あそこ	哪儿	nǎr	どこ
	这里	zhèli	ここ	那里	nàli	そこ、あそこ	哪里	nǎli	どこ

【家族】	爷爷	yéye	お祖父さん（父方の）	奶奶	nǎinai	お祖母さん（父方の）
	姥爷	lǎoye	お祖父さん（母方の）	姥姥	lǎolao	お祖母さん（母方の）
	爸爸／爸	bàba/bà	お父さん	妈妈／妈	māma/mā	お母さん
	哥哥／哥	gēge/gē	お兄さん			
	姐姐／姐	jiějie/jiě	お姉さん			
	弟弟	dìdi	弟			
	妹妹	mèimei	妹			

爷爷―奶奶　　姥爷―姥姥
　　　｜　　　　　　｜
　　爸爸　――――　妈妈

哥哥　姐姐　我　弟弟　妹妹

第3課 爱好

◎文末に助詞を使う疑問文
◎"是……的"

A：Nǐ xǐhuan yùndòng ma?
你 喜欢 运动 吗？

B：Xǐhuan. Wǒ xǐhuan dǎ lánqiú, nǐ ne?
喜欢。我 喜欢 打 篮球，你 呢？

A：Wǒ xǐhuan tīng yīnyuè、kàn diànyǐng.
我 喜欢 听 音乐、看 电影。

B：Nà, nǐ yídìng xǐhuan kàn zúqiú bǐsài ba?
那，你 一定 喜欢 看 足球 比赛 吧？

A：Kàn bǐsài? Wǒ shì xǐhuan tī zúqiú de.
看 比赛？我 是 喜欢 踢 足球 的。

新出語句

爱好	àihào	趣味	音乐	yīnyuè	音楽
喜欢	xǐhuan	好む、好きだ	电影	diànyǐng	映画
运动	yùndòng	スポーツ（をする）	那	nà	それなら
吗	ma	…ですか？（疑問）	一定	yídìng	きっと、かならず
打	dǎ	（球技を）する	足球	zúqiú	サッカー
篮球	lánqiú	バスケットボール	比赛	bǐsài	試合
呢	ne	…は？	吧	ba	…でしょう？
听	tīng	聴く	踢	tī	蹴る、（サッカーを）する

A:スポーツが好きですか？ B:バスケットボールが好きです。あなたは？ A:私は音楽を聴いたり、映画を観たりするのが好きですね。 B:それなら、きっとサッカーの試合を見るのが好きでしょう？ A:試合を見る？ 私はサッカーをするのが好きなの。

【学習ポイント】

◎疑問文①

文末に助詞を使う疑問文　　　　　　　　　　　　　参照▶98p

你喜欢运动**吗**？

你一定喜欢看足球比赛**吧**？

我喜欢打篮球，你**呢**？

＊助詞がなく全体的に高いトーンで話しても疑問文になります。この場合は、意外な感じ、いぶかる感じになります。

看比赛？

◎ "是……的"　　　　　　　　　　　　　　　　参照▶119p

"是"と"的"ではさまれたものが、強調されます。

我**是**喜欢踢足球**的**。

練習　◎パーティに参加しています。友だちをたくさん作りましょう。自己紹介をし、相手のことも聞き出してください。どういう人と友だちになったか、他の人にも紹介してください。

単語帳

【挨拶ことば】

你好！	Nǐ hǎo!	こんにちは。	再见。	Zàijiàn.	さようなら。
早！	Zǎo!	おはよう。	晚安。	Wǎn'ān.	お休みなさい。
谢谢。	Xièxie.	ありがとう。	不客气。	Bú kèqi.	どういたしまして。
对不起。	Duìbuqǐ.	ごめんなさい。	没关系。	Méi guānxi.	大丈夫ですよ。

【趣味】

看书	kàn shū	本を読む	唱歌	chàng//gē	歌を唱う
听音乐	tīng yīnyuè	音楽を聴く	看电影	kàn diànyǐng	映画を観る
跳舞	tiào//wǔ	ダンスをする	跑步	pǎo//bù	ジョギングをする
爬山	pá//shān	山にのぼる	游泳	yóu//yǒng	泳ぐ
旅游	lǚxíng	旅行する	玩游戏	wán yóuxì	ゲームで遊ぶ
打球	dǎ//qiú	球技をする	学外语	xué wàiyǔ	外国語を勉強する
做菜	zuò cài	料理をする	画画儿	huà huàr	画を描く

＊ピンインに「//」があるのは離合詞。離合詞は、第18課参照。

テキスト篇　第3課　爱好

第4課 买什么？

◎疑問詞を使う疑問文①
◎名詞の代わりをする"的"
◎"二"と"两"
◎数詞と0~99までの数え方

A：Nǐ mǎi shénme?
你买什么？

B：Mǎi pútao. Nǎ ge tián?
买葡萄。哪个甜？

A：Dōu hěn tián de. Bù tián bú yào qián.
都很甜的。不甜不要钱。

B：Zěnme mài?
怎么卖？

A：Liǎng kuài qián yì jīn. Yào duōshao?
两块钱一斤。要多少？

B：Yào liǎng jīn.
要两斤。

新出語句

买	mǎi	買う
什么	shénme	なに
葡萄	pútao	ブドウ
哪	nǎ	どれ
个	ge	…個、…つ
甜	tián	甘い
都	dōu	どれも、すべて
不	bù	…でない
要	yào	欲しい

怎么	zěnme	どのように（方法）
卖	mài	売る
两	liǎng	ふたつ
块	kuài	…元（お金の単位）
钱	qián	…円
斤	jīn	500グラム（重さの単位）
cf. 公斤	gōngjīn	キログラム
多少	duōshao	いくら（10以上）

A:何を買いますか？ B:葡萄をください。どれが甘いですか？ A:どれも甘いよ。甘くなかったらお代は要らない。 A:どうやって売るのですか？ B:500グラム2元。どのくらい欲しいですか？ B:1キロください。

【学習ポイント】

◎疑問文②

疑問詞を使う疑問文① 　　　　　　　　　　　　　　　　参照▶98p

你买**什么**？

哪个甜？　　　　**怎么**卖？

◎名詞の代わりをする"的"

状況から分かっている時、名詞を省略して"…的"で終わることがあります。

都很**甜的**。

◎"二"と"两"

「2」はふたつ言い方があり、順番には"二"、分量には"两"を使います。
「22」などは"二十二"で、"二十两"のようにはなりません。

第**二**　　　　要**两**斤。

◎数詞と 0~99 までの数え方

ゼロから 99 までは、日本語の漢数字と同じ数え方です。

一 yī　二 èr　三 sān　四 sì　五 wǔ　六 liù　七 qī　八 bā　九 jiǔ　十 shí
十一　十二　十三　十四　十五　十六　十七　十八　十九　二十
二十一　二十二　…　　　　　　　　　　　　…　九十九
零 líng　　　　　　　　　　　　　　　　百 bǎi　千 qiān　万 wàn

＊番号は粒読みです。"一"は"七"と似ているので、"yāo"と発音することがあります。
301 房间 sān líng yāo fángjiān 　301 号室

練習 ◎買い物をしましょう。

単語帳

【味】
好吃　hǎochī　おいしい　　　　新鲜　xīnxiān　新鮮だ

【重さで買うもの】

鱼	yú	さかな	肉	ròu	にく	牛肉	niúròu	牛肉
羊肉	yángròu	羊の肉	鸡肉	jīròu	鳥肉	鸡蛋	jīdàn	タマゴ
苹果	píngguǒ	リンゴ	香蕉	xiāngjiāo	バナナ	西瓜	xīguā	スイカ
米	mǐ	こめ	面条	miàntiáo	うどん（生）			
茶叶	cháyè	お茶（葉）	糖	táng	アメ			

第5課 喝咖啡

◎肯定否定を並べる疑問文
◎お金　◎100以上の数え方
◎"几"と"多少"
◎2つ目的語をとる動詞

A：Nǐ hē bù hē kāfēi?
你 喝 不 喝 咖啡？

B：Wǒ hē, nǐ ne?
我 喝，你 呢？

A：Wǒ yě hē. Yígòng duōshao qián?
我 也 喝。一共 多少 钱？

B：Shí èr kuài. Jīntiān wǒ qǐng nǐ.
十 二 块。今天 我 请 你。

A：Zhēn de? Nà wǒ jiù bú kèqi le.
真 的？ 那 我 就 不 客气 了。

B：Méi guānxi. Yǐhòu nǐ qǐng wǒ Zhōngguó cài ba.
没 关系。以后 你 请 我 中国 菜 吧。

新出語句

喝	hē	飲む
咖啡	kāfēi	コーヒー
一共	yígòng	あわせて
今天	jīntiān	今日
请	qǐng	おごる
真	zhēn	本当に
就	jiù	すなわち
不客气	bú kèqi	遠慮しない
了	le	…した（文末に用い、変化を表す）
没关系	méi guānxi	大丈夫
以后	yǐhòu	以後、あとで
菜	cài	料理

A: コーヒー飲む？　B: 飲む。あなたは？　A: 私も飲む。あわせて幾らかな？　B:12元。今日は私がおごるよ。　A: 本当に？ それなら遠慮しないよ。　B: 大丈夫。次に中国料理をおごってね。

【学習ポイント】

◎疑問文③

肯定と否定を並べる疑問文　　　　　　　　　　　　　　　参照 ▶ 99p

你喝不喝咖啡？

◎お金の言い方

| 話し言葉 | 块 kuài | 毛 máo | 分 fēn | 毛＝块の10分の1　分＝毛の10分の1 |
| 書き言葉 | 元 yuán | 角 jiǎo | 分 fēn | 角＝元の10分の1　分＝角の10分の1 |

3.45　　　　三块四毛五（分）　　　三元四角五（分）
28.03　　　二十八块零三分　　　　二十八元零三分

◎ 100 以上の数え方

100　　一百　　　　"百""千""万"などの位をつけ、"一"も言う。
1002　一千零二　　「0」は"零"。「00…」と続いても1回だけ"零"。
1200　一千二　　　最後の位は省略できる。

◎ "几" と "多少"

几 jǐ（10以下が予想される）　　　　多少 duōshao （10以上が予想される）

＊金額を尋ねるときは10以下が予想されても"多少"を使います。また逆に、10以上が予想される時でも、ある程度範囲が分かっている場合（月日など）は"几"を使います。

◎ 2つ目的語をとる動詞

一部の動詞は2つ目的語をとります。ふつう「～に」「～を」の語順です。

你请我中国菜。

練習　　◎注文しましょう。全部でいくらですか？

Menu

【飲み物】	咖啡	kāfēi	コーヒー	12.00 块 / 杯 bēi
	红茶	hóngchá	紅茶	10.50 块 / 杯 bēi
	牛奶	niúnǎi	ミルク	8.00 块 / 杯 bēi
	果汁	guǒzhī	ジュース	6.50 块 / 瓶 píng
	啤酒	píjiǔ	ビール	10.00 块 / 瓶 píng
【軽食】	三明治	sānmíngzhì	サンドイッチ	18.00 块 / 个 ge
	汉堡包	hànbǎobāo	ハンバーガー	20.00 块 / 个 ge
	热狗	règǒu	ホットドッグ	12.00 块 / 个 ge

第6課 生日

◎疑問詞を使う疑問文②
◎月日・曜日の言い方

A：今天 几 月 几 号？
　　Jīntiān jǐ yuè jǐ hào?

B：今天？ 五 月 三 号 吧。 为 什么？
　　Jīntiān? Wǔ yuè sān hào ba. Wèi shénme?

A：今天 是 什么 日子？
　　Jīntiān shì shénme rìzi?

B：啊，今天 是 我 的 生日！
　　Ā, jīntiān shì wǒ de shēngrì!

A：你 怎么 忘 了 呢？
　　Nǐ zěnme wàng le ne?

A：是 啊。你 准备 给 我 过 生日？
　　Shì a. Nǐ zhǔnbèi gěi wǒ guò shēngrì?

B：我 给 你 唱 歌 吧。 祝 你 生日 快乐～♪
　　Wǒ gěi nǐ chàng gē ba. Zhù nǐ shēngrì kuàilè～♪

新出語句

几	jǐ	いくつ（10以下）
月	yuè	月（がつ）
号	hào	日（にち）
为什么	wèi shénme	なぜ、どうして
日子	rìzi	日（ひ）
啊	ā	ああ
生日	shēngrì	誕生日
怎么	zěnme	どうして（理由）
忘	wàng	忘れる
呢	ne	文末の語気
准备	zhǔnbèi	準備する
给	gěi	…に
过	guò	過ごす
唱歌	chàng//gē	歌を唱う
吧	ba	…しましょう
祝	zhù	祝う
快乐	kuàilè	楽しい

＊ピンインに「//」があるのは離合詞。
離合詞は、第18課参照。

A: 今日は何月何日？ B: きょう？ 5月3日でしょ。なぜ？ A: 今日は何の日？ B: ああ、私の誕生日だ。 A: どうして忘れてしまったの？ A: ほんとうね、私に誕生日の用意をしてくれたの？ B: 歌を唱ってあげるわ。ハッピー・バースディ　ツー　ユー～♪

【学習ポイント】

◎疑問文④

疑問詞を使う疑問文② 参照▶98p

今天**几**月**几**号？

为什么？

我**怎么**忘了呢？

◎月日・曜日の言い方

二〇〇〇年一月一日（号）　èr líng líng líng nián yī yuè yī rì (hào)
  ＊年は粒読み　「〇」は"零"
　　"日"は、口語では"号"を使う。

一月　二月　三月　四月　五月　六月　七月　八月　九月　十月　十一月　十二月
一号　二号　三号 …　　　　　　　　　　　　　　　　… 三十一号

星期　xīngqī　曜日

星期一	星期二	星期三	星期四	星期五	星期六	星期天	星期几？
げつよう	かよう	すいよう	もくよう	きんよう	どよう	にちよう	何曜？

練習　◎家族や友人の誕生日や出来事を祝いましょう。
　　　何年何月何日何曜日ですか？

単語帳

【家族と友人】
丈夫	zhàngfu	夫	妻子	qīzi	妻	孩子	háizi	こども
儿子	érzi	むすこ	女儿	nǚ'ér	むすめ	朋友	péngyou	友だち
同事	tóngshì	同僚	同学	tóngxué	クラスメート			

【時】
昨天	zuótiān	きのう	去年	qùnián	去年
今天	jīntiān	きょう	今年	jīnnián	今年
明天	míngtiān	あした	明年	míngnián	来年

【できごと】
认识	rènshi	知り合う	结婚	jié//hūn	結婚する
上学	shàng//xué	入学する	考上	kǎoshàng	合格する
考试	kǎoshì	テストをする	放假	fàng//jià	休みになる
圣诞节	shèngdànjié	クリスマス	春节	chūnjié	春節（旧正月）
去 北京	qù Běijīng	北京に行く	回 东京	huí Dōngjīng	東京に戻る

第7課 怎么样？

◎選択肢を示す疑問文
◎勧誘・確認する
◎反語　◎時刻
◎連動文

A：喂，谁啊？
　　Wèi, shéi a?

B：是我。下午一起去看电影，怎么样？
　　Shì wǒ. Xiàwǔ yìqǐ qù kàn diànyǐng, zěnmeyàng?

A：好啊，我们几点见面？
　　Hǎo a, wǒmen jǐ diǎn jiànmiàn?

B：两点，好吗？
　　Liǎng diǎn, hǎo ma?

A：好。坐公共汽车去还是骑自行车去？
　　Hǎo. Zuò gōnggòng qìchē qù háishì qí zìxíngchē qù?

B：坐公共汽车去吧。
　　Zuò gōnggòng qìchē qù ba.

　　你的自行车不是坏了吗？
　　Nǐ de zìxíngchē bú shì huài le ma?

新出語句

喂	wèi	もしもし
谁	shéi	だれ
下午	xiàwǔ	午後
一起	yìqǐ	一緒に
去	qù	行く
怎么样	zěnmeyàng	どのように
点	diǎn	…時
见面	jiàn//miàn	会う
坐	zuò	座る、（乗り物に）乗る
公共汽车	gōnggòng qìchē	バス
还是	háishi	それとも、やはり
骑	qí	（またいで）乗る
自行车	zìxíngchē	自転車
坏	huài	壊れる
了	le	…した（動詞の後ろに使う）

A: もしもし？ どなた？ B: わたし。午後いっしょに映画を観にいかない？ A: いいわよ。何時に待ち合わせる？ B:2時でいい？ A: オーケー。バスに乗る？ それとも自転車で行く？ B: バスにしましょう。あなたの自転車、壊れたんじゃなかった？

【学習ポイント】

◎疑問文④

選択肢を示す疑問文　　　　　　　　　　　　　　　　　　　参照▶100p

坐公共汽车去**还是**坐地铁去？

◎疑問文⑤

疑問文で勧誘・確認する　　　　　　　　　　　　　　　　　参照▶100p

明天一起去看电影，**怎么样**？

◎疑問文⑥

反語　　　　　　　　　　　　　　　　　　　　　　　　　　参照▶100p

你的自行车**不是坏了吗**？

◎時刻の言い方

点	diǎn	…時		分钟	fēnzhōng	…分		
刻	kè	15分、クォーター		半	bàn	半	差	chà …前

1:00　一点　　2:00　两点　　3:00　三点　…
1:02　一点零二分（钟）　　　　　　1:12　一点十二分（钟）
1:15　一点十五分（钟）　一点一刻　1:45　一点四十五分（钟）　一点三刻
1:30　一点三十分（钟）　一点半
1:58　一点五十八分（钟）　差两分两点

参照▶120p

◎連動文

S + V + (O) + V + (O)。

一起**去看**电影。

練習　◎北京へ旅行にいきます。スケジュールを立てましょう。

単語帳

【どこ】	故宫	Gùgōng	故宫	天安门	Tiān'ānmén	天安門
	长城	Chángchéng	長城	颐和园	Yíhéyuán	頤和園
	王府井	Wángfǔjǐng	王府井	前门	Qiánmén	前門
	博物馆	bówùguǎn	博物館	动物园	dòngwùyuán	動物園
	宾馆	bīnguǎn	ホテル	烤鸭店	kǎoyādiàn	北京ダック店
	开门	kāi//mén	営業を開始する	关门	guān//mén	営業を終了する
【交通】	走	zǒu	歩く	骑 自行车	qí zìxíngchē	自転車に乗る
	打车	dǎ//chē	タクシーを拾う	坐 地铁	zuò dìtiě	地下鉄に乗る

第8課 不舒服

◎時点（いつ）の位置
◎副詞の位置
◎"不"と"没"
◎"又…又…"

A：你 怎么 了？哪儿 不 舒服？
Nǐ zěnme le? Nǎr bù shūfu?

B：我 觉得 手脚 发 冷，口 干，眼睛 又 红 又 疼。
Wǒ juéde shǒujiǎo fā lěng, kǒu gān, yǎnjing yòu hóng yòu téng.

A：什么 时候 开始 的？
Shénme shíhou kāishǐ de?

B：今天 早上 开始 的。我 下午 有 重要 的 考试，昨天 晚上 没 睡觉。我 需要 去 医院 吗？
Jīntiān zǎoshang kāishǐ de. Wǒ xiàwǔ yǒu zhòngyào de kǎoshì, zuótiān wǎnshang méi shuìjiào. Wǒ xūyào qù yīyuàn ma?

A：不 需要。你 太 担心 了。考试 完 了 就 好 了。
Bù xūyào. Nǐ tài dānxīn le. Kǎoshì wán le jiù hǎo le.

新出語句

哪儿	nǎr	どこ
舒服	shūfu	気持ちがいい
觉得	juéde	…と思う、感じる
手脚	shǒujiǎo	手足
发	fā	起こる、生じる
冷	lěng	冷たい、寒い
口	kǒu	口
干	gān	乾く
眼睛	yǎnjīng	目
又	yòu	また
又…又…	yòu…yòu…	…でもあり…でもある
红	hóng	赤い
疼	téng	痛い
时候	shíhou	とき、ころ
开始	kāishǐ	始める、始まる
早上	zǎoshang	朝
重要	zhòngyào	重要な
考试	kǎoshì	テスト
昨天	zuótiān	昨日
晚上	wǎnshang	夜
没	méi	…ない（否定）
睡觉	shuì//jiào	眠る
需要	xūyào	必要だ
医院	yīyuàn	病院
完	wán	終わる

A: どうしたの？　どこが具合悪いの？　B: 手足が冷たくて、口がカラカラ、目が赤くて痛くて。　B: いつから？　A: 今朝から。午後に大事なテストがあって、昨日の夜は寝ていなくて。病院へ行ったほうがいいかしら？　B: 必要ないでしょ。心配しすぎよ。テストが終わったらよくなるわよ。

【学習ポイント】

◎時点（いつ）の位置
参照▶101p

主語＋（①グループ）＋動詞＋（②グループ）＋目的語＋（文末）。
　時点（いつ）は、①グループ。文頭に出ると、強調。

　　我**下午**有重要的考试。

◎副詞の位置
参照▶101p

主語＋副詞＋述語（動／形）。

　　你**太**担心了。

◎否定の副詞 "不" と "没"

不　　意志や願望、習慣がないことを述べる。
没　　動作が実現していない、行為が存在していないことを客観的に述べる。

　　不需要。

　　昨天晚上**没**睡觉。

◎ "又…又…"
参照▶127p

　　眼睛**又**红**又**疼。

練習　◎プランを立ててデートに誘いましょう。

単語帳

【いつ】	上午 shàngwǔ 午前　　中午 zhōngwǔ 昼　　下午 xiàwǔ 午後

【何をする】
- 看 电影　kàn diànyǐng　映画を観る
- 打 篮球　dǎ lánqiú　バスケをする
- 去 美术馆　qù měishùguǎn　美術館に行く
- 跳舞　　tiào//wǔ　ダンスをする
- 买 衣服　mǎi yīfu　服を買う
- 吃 中国菜　chī Zhōngguócài　中華料理を食べる
- 包 饺子　bāo jiǎozi　ギョーザを作る
- 去 公园　qù gōngyuán　公園に行く
- 踢 足球　tī zúqiú　サッカーをする
- 玩 游戏　wán yóuxì　ゲームで遊ぶ
- 游泳　　yóu//yǒng　泳ぐ
- 爬山　　pá//shān　山登りをする

【どんなだ】
- 新　xīn　新しい
- 好看　hǎokàn　きれいだ
- 好吃　hǎochī　おいしい
- 流行　liúxíng　流行っている
- 舒服　shūfu　気持ちがいい
- 便宜　piányi　安い
- 漂亮　piàoliang　美しい、きれいだ
- 方便　fāngbiàn　便利だ
- 受 欢迎　shòu huānyíng　人気がある
- 愉快　yúkuài　楽しい

テキスト篇　第8課　不舒服

コラム

副　詞

　副詞は、名詞や動詞と違って日本語の漢語に導入されたものが比較的少なく、また長い文章になると呼応する表現の受け手側に使われることが多いので、使いこなすのが難しいものです。中国では内容によって、次のように分類しています。

①否定・肯定

不	bù	…でない、…しない	没	méi	…していない、まだ…でない
别	bié	…するな			
一定	yídìng	きっと…する	必须	bìxū	…しなくてはならない

②程度

很	hěn	とても	太	tài	（度を超えて）はなはだ
非常	fēicháng	とても、たいへん	最	zuì	もっとも
更	gèng	さらに	越	yuè	（越…越…）…するほどますます…だ
特别	tèbié	とくに	多么	duōme	なんて…だ
极	jí	きわめて…だ	几乎	jīhū	ほとんど…だ

③範囲

都	dōu	みな、どれも、すべて	一起	yìqǐ	一緒に
一共	yígòng	あわせて	只	zhǐ	ただ…だ、…しかない

④時間

正在	zhèngzài	ちょうどいま	已经	yǐjīng	すでに
就	jiù	（前後がすんなり）すなわち	先	xiān	まず
才	cái	（予想より遅く）ようやく	一直	yìzhí	ずっと
总是	zǒngshì	いつも	马上	mǎshàng	すぐに

⑤語気

也	yě	…も	还	hái	そのうえ、さらに、まだ（…ない）
真	zhēn	（体験して）本当に	终于	zhōngyú	ついに、とうとう
其实	qíshí	実は	当然	dāngrán	もちろん、当然

⑥頻度

再	zài	（これから）また	又	yòu	（すでに）また
经常	jīngcháng	しばしば			

介　詞

　漢文の時代には目的語を2つとる動詞が多くありましたが、現代語では介詞を使って目的語を1つ動詞の前に出すようになりました。処置文や受身文、比較文など、特定の働きで用いられる介詞もあります。

把	bǎ	…を		被	bèi	…に（される）
比	bǐ	…より		从	cóng	…から
除了	chúle	…を除いて、…以外に		对	duì	…について、…に対して
跟	gēn	…と		关于	guānyú	…に関して
离	lí	…から		为	wèi	…のために
为了	wèile	…のために		向	xiàng	…にむかって
在	zài	…に、…で				

量詞

　名詞の特徴に応じて、量詞が使われます。どの部分に注目するか、日本語とは違った着眼点であることも多く、文化を感じさせるものです。たとえば"椅子"は、背もたれの部分を握ることができるので"把"で数えます。日本語ではイスの脚の部分に注目して「脚」で数えますね。中国では背もたれのないイス"凳子 dèngzi"もよく使われ、丸いものは"个"や"张"、長細いものは"条"で数えます。

把	bǎ	…つ、…本（握れるもの）	例：**椅子** yǐzi 椅子／**伞** sǎn 傘
本	běn	…冊（書物や帳簿）	例：**书** shū 本／**字典** zìdiǎn 字典
层	céng	…階、…層（重なっているもの）	
		例：**更上一层楼** gèng shàng yì céng lóu　さらにのぼれ一層の楼	
次	cì	…回、…度（回数）	例：**机会** jīhuì チャンス／**旅游** lǚyóu 旅行
段	duàn	…段（文章や時間などの一区切り）	例：**路** lù 道／**时间** shíjiān 時間
个	ge	…個、…つ（広く数える）	例：**人** rén 人／**杯子** bēizi コップ
			例：**朋友** péngyou 友だち／**小时** xiǎoshí 1時間
			例：**故事** gùshi 物語／**国家** guójiā 国
口	kǒu	…人、…頭（家族や家畜、ブタ）	
		例：**你家里有几口人？** Nǐ jiāli yǒu jǐ kǒu rén?　あなたの家は何人家族ですか？	
件	jiàn	…件、…着（事件や衣類）	例：**衬衫** chènshān シャツ／**衣服** yīfu 服
块	kuài	…つ（固まっているもの）	例：**蛋糕** dàngāo ケーキ／**面包** miànbāo パン
辆	liàng	…台、…輛（車や電車）	例：**出租车** chūzūchē タクシー
楼	lóu	…棟、…階（建物や階）	
		例：**我住在八楼。** Wǒ zhùzài bā lóu.　私は八階に住んでいます。	
双	shuāng	…つ（二つセットのもの）	例：**鞋** xié クツ／**筷子** kuàizi 箸
条	tiáo	…本、…すじ（長いもの）	例：**河** hé 川／**裤子** kùzi ズボン
碗	wǎn	…碗（碗や鉢に入っているもの）	例：**面条** miàntiáo うどん
			例：**米饭** mǐfàn ご飯
位	wèi	…人（人を丁寧に数える）	例：**客人** kèrén お客／**校长** xiàozhǎng 校長
张	zhāng	…枚（平らなもの）	例：**地图** dìtú 地図／**照片** zhàopiàn 写真
			例：**桌子** zhuōzi テーブル／**票** piào チケット
种		…種（種類）	例：**动物** dòngwù 動物／**颜色** yánsè 色

第9課 在哪儿买?

◎介詞(句)
◎ものを数える

A：这件衣服,你在哪儿买的? 很漂亮。
Zhè jiàn yīfu, nǐ zài nǎr mǎi de? Hěn piàoliang.

B：谢谢。这是我姐姐去年在北京买的。
Xièxie. Zhè shì wǒ jiějie qùnián zài Běijīng mǎi de.

A：很不错。你姐姐喜欢中国吗?
Hěn búcuò. Nǐ jiějie xǐhuan Zhōngguó ma?

B：对,她很喜欢。她对中国的文化、历史都有兴趣。
Duì, tā hěn xǐhuan. Tā duì Zhōngguó de wénhuà、lìshǐ dōu yǒu xìngqù.

A：她打算在中国工作吗?
Tā dǎsuàn zài Zhōngguó gōngzuò ma?

B：那不一定吧。
Nà bù yídìng ba.

新出語句

件	jiàn	…枚		文化	wénhuà	文化
衣服	yīfu	服		历史	lìshǐ	歴史
漂亮	piàoliang	きれいだ		兴趣	xìngqù	興味
去年	qùnián	去年		打算	dǎsuàn	…するつもりがある
不错	búcuò	(かなり)よい		不一定	bù yídìng	必ずしも…ではない
对	duì	…について				

A: この服、どこで買ったの？ とてもきれいね。 B: ありがとう。お姉さんが去年北京で買ったの。
A: ステキね。お姉さんは中国がとても好きなの？ B: ええ、とても好きなの。中国の文化や歴史、どちらも興味があるの。B: 中国で働くつもり？ A: それはどうかな。

【学習ポイント】

◎介詞（句）　　　　　　　　　　　　　　　　　　　参照▶102p

主語＋（①グループ）＋動詞＋（②グループ）＋目的語＋（文末）。
　介詞（句）は、①グループ。

这件衣服, 你**在哪儿**买的？

她**对**中国的文化、历史都有兴趣。

◎ものを数える

中国語は単数か複数かにあまり注意を払いませんが、ものを数えるときに、その形状や性質に対しては関心が高く、ふさわしい量詞を用いて数えます。一つだけのとき、"一"がよく省略されますが、量詞は残ります。

这**件**衣服, 你在哪儿买的？

こそあど＋数詞＋量詞＋名詞

| 这 | 一 | 本 | 书 | zhè yì běn shū | この１冊の本 |
| 哪 | 两 | 个 | 小时 | nà liǎng ge xiǎoshí | その２時間 |

練習　◎明日は久しぶりの休日です。どこで何をするか予定を立てましょう。

単語帳

【どこで】
商店	shāngdiàn	商店	超市	chāoshì	スーパー
电影院	diànyǐngyuàn	映画館	运动场	yùndòngchǎng	グラウンド
饭馆	fànguǎn	レストラン	图书馆	túshūguǎn	図書館
公园	gōngyuán	公園	房间	fángjiān	部屋

【やること】
买 东西	mǎi dōngxi	買い物をする			
吃 中国菜	chī Zhōngguó cài	中華料理を食べる			
写 报告	xiě bàogào	レポートを書く	看 书	kàn shū	本を読む
拍 照片	pāi zhàopiàn	写真を撮る	打 篮球	dǎ lánqiú	バスケをする
画 画儿	huà huàr	画を描く	调查	diàochá	調べる

【量詞】
块	kuài	…つ	例：蛋糕 dàngāo ケーキ／面包 miànbāo パン
张	zhāng	…枚	例：照片 zhàopiàn 写真／信 xìn 手紙
碗	wǎn	…碗	例：拉面 lāmiàn ラーメン／饺子 jiǎozi ギョーザ

第10課 我不会 ◎助動詞

A：Wǒ xiǎng qù Běijīng lǚyóu, nǐ yuànyì gēn wǒ yìqǐ qù ma?
　　我 想 去 北京 旅游，你 愿意 跟 我 一起 去 吗？

B：Wǒ? Nǐ huì Hànyǔ, wǒ bú huì. Kěnéng yǐhòu qù.
　　我？你 会 汉语，我 不 会。可能 以后 去。

A：Liǎng ge rén yìqǐ qù huì gèng yǒu yìsi.
　　两 个 人 一起 去 会 更 有 意思。

B：Nà, wǒ yào xiān xué yìdiǎnr Hànyǔ, nǐ néng bāngzhù wǒ ma?
　　那，我 要 先 学 一点儿 汉语，你 能 帮助 我 吗？

A：Dāngrán kěyǐ. Nǐ yīnggāi rènzhēn xuéxí. Bú rènzhēn xuéxí,
　　当然 可以。你 应该 认真 学习。不 认真 学习，
　　wǒ jiù yí ge rén qù.
　　我 就 一个 人 去。

B：Nǐ gǎn!
　　你 敢！

新出語句

想	xiǎng	…したい
旅游	lǚyóu	旅行（する）
愿意	yuànyì	…したい
跟	gēn	…と
会	huì	できる、…はずだ
可能	kěnéng	…かもしれない／…に違いない
更	gèng	さらに
有意思	yǒu yìsi	おもしろい
先	xiān	まず
要	yào	（必要があって）…したい／…しなくてはいけない
一点儿	yìdiǎnr	少し
能	néng	できる
帮助	bāngzhù	手伝う
当然	dāngrán	もちろん
可以	kěyǐ	できる、…してよい
应该	yīnggāi	…すべきだ
认真	rènzhēn	まじめだ
敢	gǎn	あえて…する

A: 北京へ旅行に行きたいんだけど、一緒に行く？ B: 私が？ あなたは中国語ができるけど、私はできないわ。いずれ行くかも知れないわね。A: 二人で行ったらいっそう面白いはずよ。B: それなら、まず中国語を少し勉強しないと。手伝ってもらえる？ A: もちろんOKよ。まじめに勉強しなくちゃダメよ。まじめに勉強しないと、私ひとりで行ってしまうわよ。 B: できるの！

【学習ポイント】

◎助動詞　　　　　　　　　　　　　　　　　　　参照 103p

主語＋（①グループ）＋動詞＋（②グループ）＋目的語＋（文末）。
　助動詞は、①グループ。

会	你**会**汉语，我不**会**。
	两个人一起去**会**更有意思。
能	你**能**帮助我吗？
可以	当然**可以**。
应该	你**应该**认真学习。
想	我**想**去北京旅游。
要	我先**要**学习汉语。
愿意	你**愿意**跟我一起去吗？
可能	**可能**以后去。
敢	你**敢**！

◎アルバイトの面接に行きます。仕事の内容、待遇などについて質問しましょう。時間や曜日も忘れずに。また、どのような人を採用したいですか。

単語帳

工作	gōngzuò	仕事をする		休息	xiūxi	休憩する、休む
上班	shàng∥bān	出勤する		下班	xià∥bān	退勤する
从	cóng	…から		到	dào	…まで
用 电脑	yòng diànnǎo	パソコンを使う		说 中文	shuō Zhōngwén	中国語を話す
写 英文	xiě Yīngwén	英語を書く		教 数学	jiāo shùxué	数学を教える
工资	gōngzī	給料		交通费	jiāotōngfèi	交通費
累	lèi	疲れる		轻松	qīngsōng	楽だ、リラックスする
简单	jiǎndān	簡単だ		难	nán	難しい

第11課 不用说了

◎注意すべき助動詞の否定形
◎兼語文

A: Zhèr kěyǐ zuò ma?
这儿可以坐吗？

B: Bù néng. Nǐ kěyǐ zuò nàr.
不能。你可以坐那儿。

A: Wǒ yǒu yí ge shì yào gàosu nǐ.
我有一个事要告诉你。

B: Shénme shì?
什么事？

A: Nǐ bù tóngyì, wǒ yě bù gǎn gàosu nǐ.
你不同意，我也不敢告诉你。

B: Nǐ bù xiǎng shuō, jiù búyòng shuō le.
你不想说，就不用说了。

A: Xià ge xīngqīrì, nǐ、nǐ、nǐ……, xíng háishì bù xíng?
下个星期日，你、你、你……，行还是不行？

B: Nǐ dàodǐ xiǎng bù xiǎng shuō?
你到底想不想说？

新出語句

事情	shìqing	事情、ことがら	不用	búyòng	…しなくてもよい
告诉	gàosu	告げる	下	xià	次の
同意	tóngyì	同意する	行	xíng	大丈夫だ
也	yě	…も	到底	dàodǐ	結局のところ
说	shuō	話す			

A: ここに座ってもいいですか？　B: ダメです。あちらに座れますよ。A: あなたに告げたい重要なことがあるのです。B: どんなことですか？　A: 同意してくれないなら、話すことができません。A: 言いたくないなら、言わなくていいですよ。A: 次の日曜日、君、君、君…、いいかな、ダメかな？ B: 結局、言いたいの、言いたくないの？

【学習ポイント】

◎注意すべき助動詞の否定形

参照▶103p

要	（必要があって）…したい	→	したくない	**不想**
	（必要があって）…しなくてはいけない	→	しなくてもいい	**不用**

我有一个事**要**告诉你。

你**不想**说，就**不用**说了。

可以	（許可されて）…できる	→	（婉曲に）できない	**不能**

这儿**可以**坐吗？　　**不能**。

◎兼語文

参照▶121p

我有**一个事**要告诉你。

＝我　有　一个事。　＋　一个事　要　告诉　你。
　　主語 動詞　目的語　　　　主語　助動詞　動詞　目的語

"一个事" が "有" の目的語であり、かつ "告诉" の主語になっています。
一つの語が二つの役割を兼ねているので、これを兼語文といいます。

練習 ◎疲れていて何もする気になれません。友だちが話しかけますが、すべて断りましょう。

単語帳

喝 茶	hē chá	お茶を飲む	喝 咖啡	hē kāfēi	コーヒーを飲む
吃 饭	chī fàn	ご飯を食べる	吃 药	chī yào	薬を飲む
做 作业	zuò zuòyè	宿題をする	写 报告	xiě bàogào	レポートを書く
打扫 房间	dǎsǎo fángjiān	部屋を掃除する			
去 看 电影	qù kàn diànyǐng	映画を観に行く			
去 买 东西	qù mǎi dōngxi	買い物に行く			

第12課 在做什么呢？
◎アスペクト
◎動詞の重ね型

A：Nǐ zài zuò shénme ne?
你 在 做 什么 呢？

B：Wǒ zài zuò zuòyè ne. Zhège zuòyè tài nán le. Nǐ ne?
我 在 做 作业 呢。这个 作业 太 难 了。你 呢？

A：Wǒ hái méi zuò. Nǐ xiān xiūxi xiūxi ba, hē diǎnr kāfēi zài zuò.
我 还 没 做。你 先 休息 休息 吧，喝 点儿 咖啡 再 做。

B：Děngzhe ba, wǒ kuàiyào wánchéng le.
等着 吧，我 快要 完成 了。

A：Zhège kè wǒmen xuéguo ma?
这个 课 我们 学过 吗？

B：Méi xuéguo, suǒyǐ wǒ zhàozhe shū xiě ne. Nǐ shénme shíhou zuò?
没 学过，所以 我 照着 书 写 呢。你 什么 时候 做？

A：Děng nǐ wán le, jiù zuò. Nǐ gěi wǒ kànkan ba.
等 你 完 了，就 做。你 给 我 看看 吧。

新出語句

在	zài	…しているところ
做	zuò	する、やる
作业	zuòyè	宿題
题	tí	問題
难	nán	難しい
还	hái	まだ
(一)点儿	(yì)diǎnr	ちょっと…する
再	zài	また、それから
等	děng	待つ
着	zhe	…し続けている
完成	wán/chéng	完成する、終わる
过	guo	…したことがある
所以	suǒyǐ	だから、それゆえ
照	zhào	…に照らしあわせて
写	xiě	書く

A: 何をしているの？ B: 宿題をやっているの。この宿題は難しいわねえ。あなたは？ A: 私はまだやっていないわ。先にちょっと休んだら？ 珈琲でも飲んでからやれば？ B: 待ってて。もうすぐ完成するから。 A: この課は習ったことがあるかしら？ B: ないわよ。だから本を見ながらやったの。あなたはいつやるの？ A: あなたが終わったらやるわ。私に見せてね。

【学習ポイント】

◎ アスペクト　　　　　　　　　　　　　　　　　　　　　　　　参照▶ 106p

主語＋"在"（進行）＋動詞＋"了"（完了）＋目的語＋"了"（変化）。
　　　　　　　　　　　　　　"过"（経験）
　　　　　　　　　　　　　　"着"（持続）

在（進行）	我**在**做作业**呢**。
了（完了）	等你完**了**，就做。　　　我还**没**做。
过（経験）	这个课我们学**过**吗？　　**没**学**过**。
着（持続）	等**着**吧。
了（変化）	这个作业太难**了**。
*応用　　快要…了	我**快要**完成**了**。
動詞＋着＋動詞	我**照着**书**写**呢。

◎ 動詞の重ね型　　　　　　　　　　　　　　　　　　　　　　　参照▶ 116p

品詞によって、重ねた後のニュアンスが変わります。
動詞の場合は、「ちょっと」のニュアンスが出ます。

　你先休息休息吧。

　你给我看看吧。

【練習】

◎昨晩7時に事件がありました。犯人を捜しています。
　あなたはどこで何をしていましたか。

【単語帳】

在 学校	zài xuéxiào	学校で		在 房间	zài fángjiān	部屋で
回 家	huí jiā	家に帰る		去 新宿	qù Xīnsù	新宿に行く
吃 饭	chī fàn	ご飯を食べる		洗澡	xǐ//zǎo	お風呂に入る
打工	dǎ//gōng	アルバイトをする		学习	xuéxí	勉強する
跳舞	tiào//wǔ	ダンスをする		买 东西	mǎi dōngxi	買い物をする
看 书	kàn shū	本を読む				
看 足球 比赛	kàn zúqiú bǐsài	サッカーの試合を見る				

テキスト篇　第12課　在做什么呢？

第13課 帯好了

◎結果補語
◎自然現象の特殊な言い方
◎"一会儿…一会儿…"
◎"…了,就…"

A：Nǐ dàihǎo le zhàoxiàngjī ma?
你 带好 了 照相机 吗？

B：Dàihǎo le. Háiyǒu shénme dōngxi yào dàihǎo?
带好 了。还有 什么 东西 要 带好？

A：Yǔsǎn, wǎnshang huì xià yǔ de.
雨伞，晚上 会 下 雨 的。

B：Zhīdào le. Zhège jìjié tiānqì biànhuà hěn kuài, yíhuìr qíng yíhuìr yīn de.
知道 了。这个 季节 天气 变化 很 快，一会儿 晴 一会儿 阴 的。

A：Nǐ zhǔnbèihǎo le, jiù zǒu ba.
你 准备好 了，就 走 吧。

B：Děngyiděng, wǒ hái méi hēwán kāfēi ne.
等一等，我 还 没 喝完 咖啡 呢。

A：Bié hē le. Hēduō le, nǐ lǎo qù xǐshǒujiān.
别 喝 了。喝多 了，你 老 去 洗手间。

新出語句

带	dài	持っている、身につける	洗手间	xǐshǒujiān	トイレ、洗面所
照相机	zhàoxiàngjī	カメラ	天气	tiānqì	天気
东西	dōngxi	もの	变化	biànhuà	変化（する）
走	zǒu	歩く、ゆく	快	kuài	（スピードが）速い
雨	yǔ	雨	晴	qíng	晴れ、晴れる
伞	sǎn	傘	阴	yīn	曇り、曇る
晚上	wǎnshang	夜	完	wán	終わる
下	xià	（雨や雪が）降る	别	bié	…するな（禁止）
知道	zhīdào	知っている、分かる	老	lǎo	いつも
季节	jìjié	季節	多	duō	多い

A: カメラはちゃんと持った？ B: 持ったわ。ほかに何を持って行けばいい？ A: 傘ね、晩に雨が降るようよ。B: 分かった。この季節は天気の変化がはげしいわね、晴れたり曇ったり。A: 準備ができたら行きましょう。B: ちょっと待って、まだ珈琲を飲み終わっていないの。A: 飲まなくていいわよ。飲み過ぎて、しょっちゅうトイレに行くじゃない。

【学習ポイント】

◎**結果補語**　　　　　　　　　　　　　　　　　　　　参照▶109p

主語＋（①グループ）＋動詞＋（②グループ）＋目的語＋（文末）。
補語は、②グループ。

結果補語は、動作の結果を動詞（一部）や形容詞で表します。

你**带好**了照相机吗？

我还**没喝完**咖啡呢。

喝多了。

◎**自然現象の特殊な言い方**　　　　　　　　　　　　　参照▶119p

晚上会**下雨**的。

◎"**一会儿…一会儿…**"　　　　　　　　　　　　　　参照▶127p

一会儿晴**一会儿**阴的。

◎"**…了，就…**"　　　　　　　　　　　　　　　　　参照▶128p

你准备好**了，就**走吧。

練習　◎きょう１日、何をしましたか。日記に書きましょう。

単語帳

【動作】	看 kàn 見る　　洗 xǐ 洗う　　吃 chī 食べる　　写 xiě 書く　　走 zǒu 歩く
【結果】	完 wán 終わる　　到 dào 至る　　好 hǎo よい状態だ　　多 duō 多い
	错 cuò 間違っている　　干净 gānjìng 清潔だ　　累 lèi 疲れている
【何を】	书 shū 本　　电视节目 diànshì jiémù テレビ番組
	故事 gùshi 物語　　裙子 qúnzi スカート　　裤子 kùzi ズボン
	脸 liǎn 顔　　信 xìn 手紙　　字 zì 字
	面包 miànbāo パン　　面条 miàntiáo うどん　　蛋糕 dàngāo ケーキ
	商店 shāngdiàn 店　　火车站 huǒchēzhàn 駅

第14課 可以进去吗?

◎方向補語
◎"有点儿"と"(一)点儿"
◎形容詞の重ね型

A：Wǒ kěyǐ jìnqù ma?
我 可以 进去 吗？

B：Shì nǐ a, qǐng jìnlái.
是 你 啊，请 进来。

A：Wǒ gěi nǐ mǎi le píngguǒ. Nǐ de gǎnmào hǎo le ma?
我 给 你 买 了 苹果。你 的 感冒 好 了 吗？

B：Hǎo duō le, xiànzài yìdiǎnr yě méi fāshāo. Kànlái, hǎoqǐlái le.
好 多 了，现在 一点儿 也 没 发烧。看来，好起来 了。
Nǐ hē diǎnr chá ba.
你 喝 点儿 茶 吧。

A：Búyòng le. Wǒ gěi nǐ zuò fàn、xǐ yīfu lái le. Nǐ hǎohāor
不用 了。我 给 你 做 饭、洗 衣服 来 了。你 好好儿
xiūxi.
休息。

B：À, nǐ tài hǎo le, rúguǒ nǐ shì nánrén, wǒ huì àishàng nǐ de.
啊，你 太 好 了，如果 你 是 男人，我 会 爱上 你 的。

A：Nǐ hái yǒudiǎnr fāshāo!
你 还 有点儿 发烧！

新出語句

进	jìn	入る
请	qǐng	どうぞ…してください
来	lái	来る
感冒	gǎnmào	風邪（をひく）
…多	duō	とても…だ
现在	xiànzài	いま
发烧	fā//shāo	熱が出る
…起来	…qǐlái	…し始める
茶	chá	お茶
饭	fàn	ご飯
洗	xǐ	洗う
太…了	tài…le	とても…だ
如果	rúguǒ	もしも
男人	nánrén	男性
爱	ài	愛する
有点儿	yǒudiǎnr	少し

A: 入ってもいい？ B: いらっしゃい。どうぞ入って。A: リンゴを買ってきたわ。風邪はなおった？ B: だいぶよくなったわ。もうぜんぜん熱はないし、よくなってきたみたい。お茶を飲んで。A: いいわよ。ご飯を作って洗濯しようと来たの。ゆっくり休んでいてちょうだい。B: まあ、なんていい人なの。もし男性だったら、きっと惚れてしまうわ。A: まだ少し熱があるのね！

【学習ポイント】

◎**方向補語**　　　　　　　　　　　　　　　　　　　　　　　参照▶111p

動作の方向を、客観的な方向や、話し手から見た主観的な方向で表します。

在这儿坐**下**吧。

我给你做饭、洗衣服**来**了。

我会爱**上**你了。

	上	下	进	出	回	过	起	开
来	上来	下来	进来	出来	回来	过来	起来	开来
去	上去	下去	进去	出去	回去	过去	—	—

＊方向補語には、実際の方向から離れた派生義がたくさんあります。

看来 , 好**起来**了。（"起来"は「…し始める」の意）

◎"**有点儿**"と"**(一)点儿**"　　　　　　　　　　　　　　　　参照▶97p

主語＋"有点儿"＋動詞＋　　　　　＋目的語。
主語＋　　　　＋動詞＋"(一)点儿"＋目的語。

你还**有点儿**发烧！

你喝**点儿**茶吧。

◎**形容詞の重ね型**　　　　　　　　　　　　　　　　　　　参照▶116p

你**好好儿**休息。

練習　◎ジャンケンで勝った人が命令します。その通りに動作をしてください。

単語帳

【どうする】	坐 zuò 座る	站 zhàn 立つ	走 zǒu 歩く	跑 pǎo 走る
	跳 tiào 飛び跳ねる	写 xiě 書く	拿 ná 持つ	放 fàng 置く
	喝 hē 飲む	吃 chī 食べる	笑 xiào 笑う	哭 kū 泣く
【何を】	书包 shūbāo カバン	课本 kèběn 教科書	名字 míngzi 名前	
	饮料 yǐnliào 飲み物	铅笔 qiānbǐ 鉛筆	本子 běnzi ノート	
	手表 shǒubiǎo 腕時計	手机 shǒujī 携帯電話	鞋 xié クツ	

テキスト篇　第14課　可以进去吗？

第15課 看不清楚

◎可能補語
◎樣態補語

A：　Běijīng de dìtú, nǐ kàndedǒng kànbudǒng?
　　北京 的 地图，你 看得懂 看不懂？

B：　Hái kěyǐ ba, gěi wǒ kànkan. 　　　　Kànbuqīngchǔ, zì tài xiǎo.
　　还 可以 吧，给 我 看看。…… 看不清楚，字 太 小。

A：　Nǐ dài yǎnjìng ba. Kànde zěnmeyàng?
　　你 带 眼镜 吧。看得 怎么样？

B：　Zěnme? Nǐ qù Běijīng ma? Běijīng dōngtiān hěn lěng,
　　怎么？你 去 北京 吗？北京 冬天 很 冷，

　　fēng guāde hěn dà, nǐ duō chuān diǎnr yīfu qù.
　　风 刮得 很 大，你 多 穿 点儿 衣服 去。

A：　Xièxie. Wǒ cóng Běijīng gěi nǐ dài diǎnr shénme dōngxi ma?
　　谢谢。我 从 北京 给 你 带 点儿 什么 东西 吗？

B：　Zhǎo yì zhāng zuì xīn、 néng kànqīngchǔ de Běijīng dìtú.
　　找 一 张 最 新、 能 看清楚 的 北京 地图。

新出語句

地图	dìtú	地図	刮	guā	吹く
得	de	補語を導く助詞	多	duō	多い
懂	dǒng	理解する	穿	chuān	着る
清楚	qīngchu	はっきりしている	找	zhǎo	探す、（人を）訪ねる
字	zì	文字	张	zhāng	…枚
眼镜	yǎnjìng	メガネ	最	zuì	いちばん、もっとも
冬天	dōngtiān	冬	新	xīn	新しい
风	fēng	風			

A: 北京の地図を見て分かる？　B: まあね、見せて。…字が小さすぎてはっきり見えないわ。A: メガネをかけなさいよ。どお？　B: どうしたの？　北京へ行くの？　北京は冬は寒くて風が強いから、服を多めに着て行きなさいね。A: ありがとう。北京から何か持ってきて欲しい物ある？　B: いちばん新しい、はっきり見える北京の地図を探してきてちょうだい。

【学習ポイント】

◎可能補語　　　　　　　　　　　　　　　　　　　　　　　　参照▶113p

動詞＋"得"/"不"＋可能補語／方向補語

你看**得**懂看**不**懂？

看**不**清楚。

◎様態補語　　　　　　　　　　　　　　　　　　　　　　　　参照▶113p

主語＋（動詞）＋目的語＋動詞／形容詞＋"得"＋ ……。

看**得**怎么样？

风刮**得**很大。　　　＊「風が吹く」は自然現象で、"刮风"の語順。

＊様態補語の"得"の後ろが短い形容詞の場合、可能補語と似た形になりますが、よく見ると違っています。意味も違います。可能補語は「できる」「できない」を言い、様態補語は動作や状態が「どのような様子か」を詳しく言います。

可能補語　　他唱得好唱不好？── 唱得好。／唱不好。
　　　　　　　（彼は上手に歌えますか、歌えませんか？ ── 歌えます。／歌えません。）
様態補語　　他唱得好不好？── 唱得很好。／唱得不好。
　　　　　　　（彼は歌うのが上手ですか、下手ですか？── 上手です。／下手です。）

練習　◎オンリー・ワンを見つけましょう。どんなことができますか、どのくらいできますか。

単語帳

【何を】	说 中文　shuō Zhōngwén　中国語を話す　　写 字　xiě zì　字を書く
	踢 足球　tī zúqiú　サッカーをする　　　　画 画儿　huà huàr　画を描く
	唱歌　chàng//gē　歌を唱う　　　　　　　帮助　bāngzhù　手伝う
	做 菜　zuò cài　料理を作る　　　　　　　做 工作　zuò gōngzuò　仕事をする
	表演 节目　biǎoyǎn jiémù　プログラムを上演する

【どのように】	好　　　hǎo　　　　　よい、上手だ　　　懂　　dǒng　　　わかる
	漂亮　　piàoliang　　きれいだ、立派だ　　流利　liúlì　　　流暢だ
	明白　　míngbai　　　はっきりしている　　认真　rènzhēn　　まじめだ
	热情　　rèqíng　　　　熱心だ

第16課 去过两次

◎時量補語
◎動量補語
◎程度補語

Wǒ qùguo liǎng cì Zhōngguó. Dì yī cì shì xiàtiān, wǒ yī niánjí
我去过两次中国。第一次是夏天，我一年级
de shíhou, gēn tóngxué yìqǐ qù lǚyóu. Wǒmen zài Běijīng wánr le
的时候，跟同学一起去旅游。我们在北京玩儿了
yí ge xīngqī, qù le hěn duō dìfang, rènshi le hěn duō Zhōngguó
一个星期，去了很多地方、认识了很多中国
péngyou, zhēn hǎo jíle. Dì èr cì shì qùnián. Wǒ zài Běijīng xuéxí
朋友，真好极了。第二次是去年。我在北京学习
le yí ge yuè Hànyǔ. Shàngwǔ yǒu sì ge xiǎoshí kè, xiàwǔ zìyóu
了一个月汉语。上午有四个小时课，下午自由
huódòng, yǒushí qù shāngdiàn mǎimai dōngxi, zìjǐ zuòzuo fàn, yǒushí
活动，有时去商店买买东西，自己做做饭，有时
zhōumò hái qù lǚyóu.
周末还去旅游。

新出語句

次	cì	…回	月	yuè	…ヵ月
第	dì	第	上午	shàngwǔ	午前
夏天	xiàtiān	夏	小时	xiǎoshí	…時間
年级	niánjí	学年	课	kè	授業
同学	tóngxué	クラスメート	自由	zìyóu	自由な
玩儿	wánr	遊ぶ	活动	huódòng	活動（する）
星期	xīngqī	…週間	有时	yǒushí	時には
地方	dìfang	場所	商店	shāngdiàn	商店
朋友	péngyou	友だち	自己	zìjǐ	自分（で）
…极了	…jíle	とても…だ	周末	zhōumò	週末

　私は中国へ二回行ったことがあります。一回目は夏で、一年生の時にクラスメートと一緒に旅行に行きました。北京で一週間遊び、たくさんの場所へ行き、たくさんの中国人の友だちと知り合い、本当によかったです。二回目は去年です。北京で一ヶ月、中国を勉強しました。午前は四時間授業を受け、午後は自由活動で、お店へ買い物に行ったり自分でご飯を作ったりします。週末は旅行に行くこともありました。

【学習ポイント】

◎時量補語　　　　　　　　　　　　　　　　　　　　　参照 ▶ 114p

どのくらい（時間）動作をしたか表します。

　我们在北京玩儿了**一个星期**。

　我在北京学习了**一个月**汉语。

◎動量補語　　　　　　　　　　　　　　　　　　　　　参照 ▶ 114p

どのくらい（回数）動作をしたか表します。

　我去过**两次**中国。

＊時点（いつ）と時量／動量（どのくらい）は語順を間違えやすいです。　　参照 ▶ 96p
　時量／動量は補語の一種で、述語より後ろ、目的語より前に使います。

　主語＋（いつ）＋動詞＋（どのくらい）＋目的語。

◎程度補語　　　　　　　　　　　　　　　　　　　　　参照 ▶ 115p

状態の程度を、動詞や形容詞の後ろで表します。

　真好**极了**。

練習　◎学生時代をふりかえって卒業文集に載せます。
　　　　どんなことをどのくらい経験しましたか？

単語帳

【時間や回数】

年	nián	…年間	天	tiān	…日間	半年	bànnián	半年間
春天	chūntiān	春	夏天	xiàtiān	夏	秋天	qiūtiān	秋
冬天	dōngtiān	冬						
暑假	shǔjià	夏休み	寒假	hánjià	冬休み			
次	cì	…回	回	huí	…回			
常常	chángcháng	しばしば				每天	měitiān	毎日

【できごと】

学习 中文	xuéxí Zhōngwén	中国語を勉強する	参加 比赛	cānjiā bǐsài	試合に出る
俱乐部 活动	jùlèbù huódòng	クラブ活動	课外活动	kèwài huódòng	課外活動
打工	dǎ∥gōng	アルバイトをする	留学	liú∥xué	留学する
去 中国	qù Zhōngguó	中国へ行く	学 开车	xué kāichē	運転を学ぶ
跳舞	tiào∥wǔ	ダンスをする	参观	cānguān	観光する

第17課 花园

◎判断文
◎存现文
◎"有"を使う文

Wǒmen jiā yǒu yí ge huāyuán. Huāyuán lǐ měitiān lái hěn duō
我们 家 有 一 个 花园 。 花园 里 每天 来 很 多
péngyou. Dì yī ge lái de shì tàiyáng, ránhòu lái hěn duō xiǎo niǎo
朋友 。第 一 个 来 的 是 太阳 , 然后 来 很 多 小 鸟
chàngzhe gē. Línjū de xiǎo māo yě jīngcháng lái wánr. Xià yǔ le,
唱着 歌。邻居 的 小 猫 也 经常 来 玩儿。下 雨 了,
xiǎo māo jiù bù lái le. Tā bù xǐhuan yǔtiān, yǔtiān tā yìzhí zài jiā
小 猫 就 不 来 了。它 不 喜欢 雨天 , 雨天 它 一直 在 家
lǐ shuìde hěn tián. Huāyuán de hòumiàn yǒu yì tiáo xiǎo hé, hé lǐ
里 睡得 很 甜 。 花园 的 后面 有 一 条 小 河, 河 里
yǒu hěn duō yú, tāmen xǐhuan yǔtiān. Yí xià yǔ, tāmen jiù gāoxìng de
有 很 多 鱼,它们 喜欢 雨天 。一 下 雨, 它们 就 高兴 地
tiàochū shuǐmiàn. Wǎnshang yuèliang chūlái, huāyuán jiù ānjìng le.
跳出 水面 。 晚上 月亮 出来, 花园 就 安静 了。

新出語句

花园	huāyuán	花壇		条	tiáo	…本
每天	měitiān	毎日		河	hé	川
太阳	tàiyáng	太陽		鱼	yú	さかな
鸟	niǎo	鳥		一…就…	yī…jiù…	…するとすぐ…
邻居	línjū	隣、隣人		地	de	…に（動詞・形容詞を修飾する）
经常	jīngcháng	しょっちゅう		跳舞	tiào/wǔ	ダンスをする
里	lǐ	…の中、内		月亮	yuèliang	月
后面	hòumiàn	後ろ		安静	ānjìng	静かだ

私の家に花壇があります。花壇には毎日たくさんの友だちが来ます。最初に来るのは太陽で、それからたくさんの小鳥が来て歌を唱います。お隣の子猫もよく遊びに来ます。雨が降ると、子猫は来ません。雨の日が嫌いなのです。雨の日はずっと家でぐっすり眠っています。花壇の後ろに小川があります。川には魚がたくさんいて、みんな雨の日が大好きです。雨が降ると、魚たちは喜んで水面に躍り出ます。夜、月が出ると、花壇はひっそりとします。

【学習ポイント】

◎判断文
参照 ▶ 118p

A=B。 "是"は、「=」の意味です。

第一个来的**是**太阳。

◎存現文
参照 ▶ 119p

動詞＋動作主　何かが「存在」「出現」する時にこの語順になります。

花园里每天**来很多朋友**。（＝很多朋友每天来花园里。）

＊兼語文にもなっている例：
参照 ▶ 121p

来很多**小鸟**唱着歌。（＝很多小鸟来。它们唱着歌。）

◎"有"を使う文
参照 ▶ 120p

場所＋"有"　＝存現文

花园的后面**有**一条小河。（＝一条小河在花园的后面。）

河里**有**很多鱼。（＝很多鱼在河里。）

練習　◎公園の様子を描写してください。

単語帳

散步	sàn//bù 散歩する	跑步	pǎo//bù ジョギングする	坐 zuò	すわる
站 zhàn	立つ	笑 xiào	笑う	哭 kū 泣く	唱歌 chàng//gē 歌を唱う
画画儿	huà huàr 画を描く	打 篮球	dǎ lánqiú バスケットボールをする		
踢 足球	tī zúqiú サッカーをする	狗 gǒu	いぬ	猫 māo	ねこ
妈妈	māma おかあさん	孩子	háizi こども		

テキスト篇　第17課　花园

第18課 "大姐"

◎比較文
◎処置文
◎離合詞とその重ね型
◎量詞の重ね型

A：你们 干 什么 呢？我 能 帮帮忙 吗？
Nǐmen gàn shénme ne? Wǒ néng bāngbāngmáng ma?

B："大姐"，你 快 进来。 先 把 杯子 拿着。
"Dàjiě", nǐ kuài jìnlái. Xiān bǎ bēizi názhe.

A：这 蛋糕 是 你们 买 的？
Zhè dàngāo shì nǐmen mǎi de?

B：不 是，是 我们 自己 做 的，比 买 的 还 好吃。你 看 这些 花，怎么样 ？
Bú shì, shì wǒmen zìjǐ zuò de, bǐ mǎi de hái hǎochī. Nǐ kàn zhèxiē huā, zěnmeyàng?

A：有 红 的、 黄 的，还有 白 的，个 个 都 好看！
Yǒu hóng de, huáng de, háiyǒu bái de, gè gè dōu hǎokàn!

B：没有 你 好看，你 最 好看。…祝 您 生日 快乐！
Méiyǒu nǐ hǎokàn, nǐ zuì hǎokàn. … Zhù nín shēngrì kuàilè!

A：啊，是 我 的 生日。我 比 你们 大 一 岁。你们 "大姐" 今天 真 高兴。
À, shì wǒ de shēngrì. Wǒ bǐ nǐmen dà yí suì. Nǐmen "Dàjiě" jīntiān zhēn gāoxìng.

新出語句

干	gàn	する、やる	好吃	hǎochī	おいしい
帮忙	bāng//máng	手伝う	些	xiē	いくらかの、いささかの
大姐	dàjiě	お姉さん（尊称）	花	huā	花
把	bǎ	…を	黄	huáng	黄色い
杯子	bēizi	グラス、コップ	白	bái	白い
拿	ná	持つ	好看	hǎokàn	（見た目が）きれいだ
蛋糕	dàngāo	ケーキ	没有	méiyǒu	ない（"没"と同じ）
比	bǐ	…より			

A: 何をしているの？ 手伝う？ B:「お姉さん」、はやく入って。まずこのグラスを持って。A: このケーキは買ってきたの？ B: 自分たちで作ったのよ、買ったのより美味しいわよ！ この花はどう？ A: 赤に黄色、白もあって、どれも奇麗ね。B: あなたほどじゃないわ、あなたがいちばん奇麗よ。…誕生日おめでとう！ A: あら、私の誕生日だったわね。あなたたちより1歳年上だわ。「お姉さん」は今日ほんとうに嬉しいわ。

【学習ポイント】

◎比較文
参照▶121p

介詞"比"を使って、比較を表します。

比买的还**好吃**。

我**比**你们**大一岁**。

没有你**好看**。

＊否定形は、"不比…＋形容詞"や"没有…那么（nàme それほど）＋形容詞"も使われます。

◎処置文
参照▶122p

介詞"把"を使って、目的語に変化が生じる（生じた）ことを表します。

先**把**杯子**拿着**。

＊受身文の"比"、処置文の"把"はどちらも介詞なので、否定の副詞"不""没"はほかの介詞句と同じく、介詞"比""把"の前に使います。

◎離合詞とその重ね型
参照▶116p

もとが動詞＋目的語の構成で、二字で一語の動詞ですが、アスペクトや補語が動詞と目的語のあいだに割り込んで入り、目的語は後ろに離れます。こうした動詞を離合詞といいます。離合詞の重ね型は、動詞だけ重ねます。

我能**帮帮忙**吗？

◎量詞の重ね型
参照▶117p

个个都好看。

練習 ◎パーティの飾り付けをしましょう。

単語帳

【どこに】	桌子	zhuōzi	テーブル	墙	qiáng	壁	窗户	chuānghu	窓
	前面	qiánmiàn	まえ	后面	hòumiàn	うしろ	上	shàng	うえ
	旁边	pángbiān	そば	外面	wàimiàn	そと	下	xià	した
【どんな】	大	dà	大きい				小	xiǎo	小さい
	新鲜	xīnxiān	新鮮だ				热闹	rènao	にぎやかだ
	好喝	hǎohē	（飲んで）おいしい				好吃	hǎochī	（食べて）おいしい
【何を】	啤酒	píjiǔ	ビール	沙拉	shālā	サラダ	面包	miànbāo	パン
	画儿	huàr	絵	照片	zhàopiàn	写真	音乐	yīnyuè	音楽

第19課 真倒霉
◎受身文
◎使役文

A：Nǐ zǒuzhe lái de? Nǐ de zìxíngchē ne?
你 走着 来 的？你 的 自行车 呢？

B：Bèi gēge qízǒu le. Tā hái shuō, ràng wǒ duànliànduanlian shēntǐ,
被 哥哥 骑走 了。他 还 说，让 我 锻炼锻炼 身体，
zhēn lìng rén shēngqì.
真 令 人 生气。

A：Gāngcái yǒu yǔ, nǐ de yǔsǎn ne?
刚才 有 雨，你 的 雨伞 呢？

B：Lùshàng mǎi bàozhǐ, bèi biérén tōuzǒu le, zhēn dǎoméi.
路上 买 报纸，被 别人 偷走 了，真 倒霉。

A：Lǎoshī jiào wǒmen xiě de dōngxi ne? Nǐ dàilái le ma?
老师 叫 我们 写 的 东西 呢？你 带来 了 吗？

B：Qǐng nǐ bié shuō le. Wǒ kuàiyào xiěwán de shíhou, diànnǎo tūrán
请 你 别 说 了。我 快要 写完 的 时候，电脑 突然
huài le, shǐ wǒ méi wánchéng.
坏 了，使 我 没 完成。

A：Nǐ ràng wǒ shuō shénme hǎo ne?
你 让 我 说 什么 好 呢？

新出語句

被	bèi	…に（される）	别人	biérén	ほかの人
让	ràng	…させる	偷	tōu	盗む
锻炼	duànliàn	トレーニングする	倒霉	dǎo//méi	運が悪い、ついてない
令	lìng	…させる	叫	jiào	…させる
人	rén	人、誰か	请	qǐng	…してもらう
生气	shēng//qì	怒る	电脑	diànnǎo	パソコン
刚才	gāngcái	さっき	突然	tūrán	とつぜん
路	lù	道	使	shǐ	…させる
报纸	bàozhǐ	新聞			

A: 歩いて来たの？ 自転車は？ B: 兄が乗って行ってしまったの。おまけに私の身体を鍛えるためだって言うのよ、腹立つわー。A: さっき雨が降ったけど、傘は？ B: 途中で新聞を買っていて誰かに盗られたの。本当にイヤになっちゃう。A: 先生に書けと言われているものは？ 持ってきた？ B: どうか言わないで。ちょうど書き終わるころにパソコンが突然壊れて、完成させられなかったの。A: 本当に何て言ったらいいのかしらね。

【学習ポイント】

◎受身文
参照▶123p

介詞"被"を使って、受身を表します。

（我的自行车）**被**哥哥骑走了。（=哥哥骑走了我的自行车。）

（我的雨伞）**被**别人偷走了。 （=别人偷走了我的雨伞。）

＊受身文は"被"を使う介詞句なので、否定の副詞"不""没"は"被…"より前にきます。

我的自行车**没被**哥哥骑走。

◎使役文
参照▶124p

使役動詞を使って、使役を表します。兼語文の形になります。

他**让**我锻炼锻炼身体。

令人生气。

老师**叫**我们写的东西呢？

请你别说了。

使我没完成。

＊否定の副詞"不""没"は、使役動詞"让""叫"などの前に使います。

爸爸**不让**我一个人去中国。

練習 ◎アンラッキーな1日でした。誰にどんな目に遭わされましたか？

単語帳

【だれ】
男朋友	nán péngyou	ボーイフレンド	女朋友	nǚ péngyou	ガールフレンド
坏人	huàirén	悪党	小偷儿	xiǎotōur	どろぼう	警察	jǐngchá	警官
大夫	dàifu	お医者さん	狗	gǒu	いぬ	猫	māo	ねこ

【どうする】
批评	pīpíng	批判する	骂	mà	ののしる	打	dǎ	なぐる
偷	tōu	盗む	咬	yǎo	咬む	逃	táo	逃げる
说 对不起	shuō duìbuqǐ	ごめんなさいと言う
写 报告书	xiě bàogàoshū	レポートを書く

テキスト篇　第19課　真倒霉

第20課 又大又精彩 ◎よく使われる句型

Zhège shìjiè yòu dà yòu jīngcǎi. Yǒu hěn duō guójiā, yǒu hěn duō
这个 世界 又 大 又 精彩。有 很 多 国家,有 很 多
bùtóng de dìyù wénhuà. Wǒmen suīrán bù néng yí gè gè guójiā dōu
不同 的 地域 文化 。我们 虽然 不 能 一个个 国家 都
qù, dànshì kěyǐ tōngguò kànshū huò shàngwǎng néng liǎojiě hěn duō
去,但是 可以 通过 看书 或 上网 能 了解 很 多
dōngxi. Yīnwèi wǒ bù zhīdào de shìqing tài duō le, suǒyǐ wǒ yuè xué
东西 。因为 我 不 知道 的 事情 太 多 了,所以 我 越 学
yuè xiǎng xué. Wǒmen yìbiān xuéxí qítā guójiā de lìshǐ、 wénhuà,
越 想 学。我们 一边 学习 其他 国家 的 历史、 文化 ,
yìbiān xuéxí zìjǐ guójiā de lìshǐ、 wénhuà. Chúle xuéxí, wǒmen hái
一边 学习 自己 国家 的 历史、 文化 。除了 学习,我们 还
yào zǒuchūqù, qīnyǎn kànkan zhège shìjiè, zhè yǒu duō hǎo ne!
要 走出去 ,亲眼 看看 这个 世界 , 这 有 多 好 呢!

新出語句

世界	shìjiè	世界
精彩	jīngcǎi	素晴らしい
国家	guójiā	国家
不同	bùtóng	異なる
地域	dìyù	地域
通过	tōngguò	…を通じて
上网	shàngwǎng	ネットに接続する
了解	liǎojiě	理解する
其他	qítā	そのほかの
亲眼	qīnyǎn	自分の目で

虽然…但是…	suīrán…dànshì…	…ではあるけれども、でも…だ
因为…所以…	yīnwèi…suǒyǐ…	…なので、だから…だ
越…越…	yuè…yuè…	…すればするほど…だ
一边…一边…	yìbiān…yìbiān…	…しながら…する
除了…还…	chúle…hái…	…以外に、ほかに(も)…だ

この世界は大きくてすばらしい。多くの国があり、多くの異なる地域文化がある。一つ一つどの国にもすべて行くことはできないけれど、本やネットで、たくさんのことを理解できる。私は知らないことが多すぎるので、勉強すればするほど学びたくなる。私たちは他の国の歴史・文化を学びながら、自国の歴史・文化を学んでいる。さらに外へ出て行って、自分の目でこの世界を見る。なんてすばらしいことだろう!

【学習ポイント】

◎ **よく使われる句型**　　　　　　　　　　　　　　　参照▶127p

接続詞や副詞を組み合わせて複文にすると、さまざまな複雑な表現ができます。中国語は日本語のような助詞がなく、語順で意味が決まっていきます。接続詞や副詞を使わなくても、「原因→結果」「仮定→実行」のように原則的な順番があります。副詞は主語の後ろにくるため見落としがちですが、副詞によって文脈が決まることもたくさんあります。

你**不**同意，我**也**不敢告诉你的。（第11課）

你**不**想说，**就**不用说了。（第11課）

並列

又…又…（第8課）　　一会儿…一会儿…（第13課）

一边学习其他国家的历史、文化，**一边**学习自己国家的历史、文化。

動作の順番

先…，再…（第12課）　　…了，就…（第12課）

付け加える

除了学习，我们**还**要走出去。

逆説

虽然不能一个个国家都去，**但是**可以通过看书或上网能了解很多东西。

原因と結果

因为我不知道的事情太多了，**所以**我越学越想学。

緊縮（形は単文だが意味的に複文）

我**越**学**越**想学。

練習　◎次の言い回しを使って、文を作りましょう
"又…又…""一会儿…一会儿…""一边…一边…""先…再…""…了，就…""除了…，还…""虽然…，但是…""因为…，所以…""越…越…"

文法篇

1 基本的な文型

1 述語による文の種類

述語に注目すると、中国語の文は4つに分類できます。

動詞述語文

目的語を後ろに取る点が、日本語の語順とは違います。多くの動詞は目的語を1つだけ取ります。

Tā shì wǒmen de tóngxué.
他 是 我们 的 同学。 （彼は私たちのクラスメートです。）

Wǒ qù xuéxiào.
我 去 学校。 （私は学校へ行きます。）

Wǒmen xuéxí Hànyǔ.
我们 学习 汉语。 （私たちは中国語を勉強します。）

形容詞述語文

形容詞は日本語に似て単独で述語になれます。英語の形容詞にはbe動詞が使われますが、中国語の形容詞には"是"は要りません。ただし肯定文では、「とても」の意味がなくても"很"を使うことが多く、否定文や比較文では"很"がなくなります。

Xióngmāo hěn kě'ài.
熊猫 很 可爱。 （パンダはかわいい。）

Jīntiān bù lěng bú rè, hěn shūfu.
今天 不 冷 不 热, 很 舒服。 （今日は寒くも暑くもなく、気持ちいい。）

名詞述語文

数字に関係する短い文は、名詞が述語になることがあります。日本語でも「わたし、18歳。」のような言い方をしますね。出身地を言う場合も、この文型になります。
肯定文では名詞の他に述語がありませんが、否定文や疑問文になると"是"が出てきて動詞述語文の形になります。

Gēge èrshisān suì, bú shì sānshisān suì.
哥哥 二十三 岁，不 是 三十三 岁。　　　（兄は23歳です。33歳ではありません。）

Míngtiān wǔ yuè wǔ hào.
明天 五 月 五 号。　　　（明日は5月5日です。）

Wǒ Běijīngrén.
我 北京人。　　　（私は北京の生まれです。）

主述述語文

「ゾウは鼻が長い」という言い方を日本語でもします。長いのは鼻で、ゾウではありません。「鼻が長い」という主述文が「ゾウ」の述語になっていると考えます。「妹は友だちが多い」も、多いのは友だちで、妹ではありません。訳文では「ゾウは鼻が長い」でも「ゾウの鼻は長い」でも同じ意味に思えますが、中国語の構造としては違います。

Mèimei péngyou hěn duō.
妹妹 朋友 很 多。　　　（妹は友だちが多い。）

Zhōngguó rén hěn duō.
中国 人 很 多。　　　（中国は人が多い。）

2　動詞述語文の基本文型モデル

　動詞述語文はもっとも頻繁に使われます。ほかの3つの述語文（形容詞述語文・名詞述語文・主述述語文）に比べて、動詞述語文は長くなることがあります。しかし基本の語順があり、その組み合わせで長くなっています。
　述語になる動詞の前後には、さまざまな要素が加わります。
　多くの動詞は目的語を1つしか取らないので、動詞述語文をモデル化すると次のようになります。

主語+（①グループ）+動詞+（②グループ）+目的語+（文末）。
　S　　　　　　　　　　　V　　　　　　　　　　O

①グループ
　　時点（いつ）　副詞（アスペクトの"在"を含む）　介詞句（介詞＋目的語）　助動詞
②グループ
　　補語　アスペクト助詞（"了""过""着"）
文末
　　語気助詞（アスペクトの"了"を含む）
＊時点（いつ）や一部の介詞句、補語が使われる時の目的語など、前へ移動するものもあります。

Wǒ	hái	méi	zuòhǎo	zuòyè	ne.
我	还	没	做好	作业	呢。
主語	副詞	副詞	動詞＋補語	目的語	助詞

（私はまだ宿題をやり終えていない。）

Nǐ	zuòwán	le	ma?
你	做完	了	吗？
主語	動詞＋補語	助詞	助詞

（あなたはやり終えたの？）

Jīntiān	bù	néng	gēn nǐ	wán	yóuxì	le.
今天	不	能	跟 你	玩	游戏	了。
時点	副詞	助動詞	介詞＋目的語	動詞	目的語	助詞

（今日はあなたとゲームで遊ぶことはできないわ。）

3　間違えやすい語順

　日本語や英語からの発想で、語順を間違えやすいものがあります。
　中国語は語形変化もなく助詞もなく、語順で意味が決定します。語順が変わると意味も変わりますし、一定の位置でしか使えない品詞もあります。

副詞（①グループ）

　中国語の副詞は、主語の後ろ、述語の前。この位置から動くことはほとんどありません。

Zhème guì, wǒ jiù bú yào le.
这么 贵，我 就 不 要 了。　　　　　　　　（こんなに高いなら、要らない。）

Nǐ jīngcháng shēngqì, duì shēntǐ bù hǎo.
你 经常 生气，对 身体 不 好。

（あなたはしょっちゅう怒っているけど、身体によくないよ。）

時点「いつ」（①グループ）と時間量/動作量「どのくらい」（②グループ）

　時点（いつ）は基本的に主語の後ろ、述語の前に使います。文頭に使うことができますが、そうすると「（午前ではなく）午後に」「（昼や夜は違うが）朝は」のように、ほかと区別して強調した感じになります。
　それに対して時間量／動作量（どのくらい）は補語の一種で、述語の後ろに使います。

◎時点（いつ）

Wǒ xiàwǔ qù gōngyuán dǎ lánqiú.
我 下午 去 公园 打 篮球。　（私は午後公園へ行ってバスケットボールをします。）

Wǒ zǎoshang jiǔ diǎn shàngbān.
我 早上 九 点 上班 。　　　　　　　　　（私は朝9時に出勤します。）

◎時間量（どのくらい）

Dào Běijīng yào zuò sì ge xiǎoshí fēijī.
到 北京 要 坐 四 个 小时 飞机 。
　　　　　　　　　　　　（北京へ行くには、飛行機に4時間乗らなくてはいけません。）

Xiān xiūxi wǔ fēnzhōng, ránhòu zài pá shān ba.
先 休息 五 分钟 ，然后 再 爬 山 吧 。
　　　　　　　　　　　（まず5分休憩して、それからまた山を登りましょうよ。）

◎動作量（どのくらい）

Wǒ yí ge xīngqī tī sān cì zúqiú.
我 一 个 星期 踢 三 次 足球 。　　（私は一週間に3回サッカーをする。）

Wǒ qùguo liǎng cì Zhōngguó.
我 去过 两 次 中国 。　　　　　（私は中国へ2回行ったことがある。）

＊「いつ」と「どのくらい」が同じ語の場合は、語順で意味の違いが出てきます。

Wǒ yì nián qù le liǎng cì Zhōngguó.
我 一 年 去了 两 次 中国 。　時点（私は一年で2回中国へ行った。）

Wǒ yǐjīng xué le yì nián Hànyǔ.
我 已经 学 了 一 年 汉语 。　時間量（私はもう中国語を一年間勉強した。）

"有点儿"（①グループ）と"（一）点儿"（②グループ）

　訳語ではどちらも「少し」になりますが、「いやだな」という気分のときは"有点儿"になって、述語より前に使うと言われています。

◎有点儿～

Zhè ge dàngāo yǒudiǎnr tài tián.
这 个 蛋糕 有点儿 太 甜 。　　　　　　（このケーキはすこし甘すぎる。）

Wǒ de yǎnjing yǒudiǎnr téng.
我 的 眼睛 有点儿 疼 。　　　　　　　　（私の目は少し痛い。）

◎ ～（一）点儿

Zhè zhǒng màozi, yǒu méiyǒu piányi **yìdiǎnr** de?
这 种 帽子, 有 没有 便宜 **一点儿** 的？

（この帽子、少し安いのはありますか？）

Nǐ lèi le ba, hē **diǎnr** chá ba.
你 累 了 吧, 喝 **点儿** 茶 吧。 （疲れたでしょう、お茶をすこし飲みなさいな。）

4　疑問文のパターン

中国語は、疑問の形が豊富にあります。さきに疑問文のパターンを確認しておきましょう。反語もよく使われます。

文末に助詞を使う

文末に"吗"をつけると疑問文になります。語順は変化しません。"吧"は"吗"より予想が高く、「～ですよね？」と確認する感じです。前後の文脈で分かっている事柄は、"呢"で「～は？」と端折って尋ねることができます。

Zhège zhōumò nǐ máng **ma**?
这个 周末 你 忙 **吗**？ （この週末、あなたは忙しいですか？）

Zhè běn shū nǐ kànguo **ba**?
这 本 书 你 看过 **吧**？ （この本をあなたは読んだことがありますよね？）

Wǒ wǎnshang qù kàn diànyǐng, nǐ **ne**?
我 晚上 去 看 电影, 你 **呢**？ （私は今晩映画を観に行きますが、あなたは？）

疑問詞を使う

日本語と同じく、尋ねたいことにふさわしい疑問詞を使うと、疑問文になります。語順は変化しません。日本語では「誰ですか？」のように疑問詞と文末の助詞を一緒に使いますが、中国語では疑問詞だけで疑問文になります。もし"吗"を一緒に使うと、「何を飲みたいですか？」ではなく、「何か飲みたいですか？」という意味になります。

疑問文には「？」を使うのが正式な書き方です。

Shéi a?　　Shì wǒ.
谁 **谁** 啊？——是 我。 （だれ？——わたし。）

	Nǐ de xínglixiāng shì **nǎ** ge?	
哪	你的 行李箱 是 **哪** 个？	（あなたのスーツケースはどれですか？）

	Wǒ de yǎnjìng fàng **nǎr** le?	
哪儿	我的 眼镜 放 **哪儿** 了？	（私のメガネはどこに置いたかな？）

	Nǐ xiǎng mǎi **shénme**?	
什么	你想 买 **什么**？	（あなたは何を買いたいですか？）

	Wèi shénme nǐ bù shuōhuà ne?	
为什么	**为什么** 你不 说话 呢？	（なぜ口をきかないの？）

	Zhège shǒubiǎo **duōshao** qián?	
多少	这个 手表 **多少** 钱？	（この腕時計はいくらですか？）

	Xiànzài **jǐ** diǎn le?	
几	现在 **几** 点 了？	（いま何時ですか？）

	Qù jīchǎng **zěnme** zǒu?	
怎么	去 机场 **怎么** 走？	（空港へ行くにはどうやって行きますか？）

	Nǐ **zěnme** yòu chídào le?	
	你 **怎么** 又 迟到 了？	（あなたはどうしてまた遅刻したのですか？）

	Nǐ zuìjìn shēntǐ **zěnmeyàng**?	
怎么样	你 最近 身体 **怎么样**？	（さいきんお身体は如何ですか？）

	Cóng nǐ jiā dào huǒchēzhàn yǒu **duō** yuǎn?	
多	从 你家 到 火车站 有 **多** 远？	（あなたの家から駅までどのくらい遠いですか？）

肯定と否定を並べる

　肯定と否定を並べると疑問文になります。二字の動詞は、最初の一字だけ肯定否定形にすることがあります。この疑問文は、形としては肯定形と否定形が並んでいますが、「おそらく～だろう」と思っているときに使われると言われています。

Nǐ **chī bù chī** fàn?
你 **吃 不 吃** 饭？　　　　　　　　　（ご飯を食べますか？　食べますよね？）

Nǐ **xǐ bù xǐhuan** tīng yīnyuè?
你 **喜 不 喜欢** 听 音乐？　　　（音楽を聴くのが好きですか？　たぶん好きですよね？）

文法篇　疑問文のパターン

選択肢を示す

選択肢を2つ出して、AかBか尋ねる疑問文です。AとBの順番が入れ替わっても、意味やニュアンスは同じです。基本的には"还是"の前後、AとBを同じ形でそろえますが、動詞が"是"のときは"还是是"となってだぶるので、"是"を1つ省略します。

Nǐ hē jiǔ háishì hē guǒzhī?
你喝酒还是喝果汁？

（あなたはお酒を飲みますか、それともジュースを飲みますか？）

Nǐ yào lán de háishì yào lǜ de?
你要蓝的还是要绿的？

（あなたは青いのが欲しいですか、それとも緑のが欲しいですか？）

Zhè shì nǐ de háishì wǒ de?
这是你的还是我的？　　（これはあなたのですか、それとも私のですか？）

勧誘・確認する

相手の動作（自分が一緒の場合も含めて）をそのまま言いきると、一種の命令文になりますので、文末に疑問の助詞や「いかがですか？」の類の言葉をそえると、相手を誘ったり、相手に確認する表現になります。

Wǒmen yìqǐ qù tiàowǔ, hǎo ma?
我们一起去跳舞，好吗？　　（私たち一緒に躍りに行きませんか？）

Nǐ yào tígāo Hànyǔ shuǐpíng, duì ma?
你要提高汉语水平，对吗？

（あなたは中国語のレベルを上げたいのですね？）

Wǒmen zuò dìtiě qù, zěnmeyàng?
我们坐地铁去，怎么样？　　（地下鉄に乗って行きませんか？）

Nǐ yě hē diǎnr kāfēi ba?
你也喝点儿咖啡吧？　　（あなたも珈琲を飲みませんか？）

反語

疑問に思っているわけではないのに疑問文にすると、強い断定になります。否定形に疑問の語を加えると強い肯定になりますし、肯定形に疑問の語を加えると強い否定になります。

Míngtiān yǒu kǎoshì, wǒ **méi gàosu** nǐ **ma?**
明天 有 考试, 我 **没 告诉** 你 **吗**？（=我告诉你了。）

(明日テストがあると、あなたに伝えませんでしたか？ 伝えましたよね？)

Tā lái bù lái, wǒ **zěnme zhīdào?**
他 来 不 来, 我 **怎么 知道**？（=我不知道。）

(彼が来るかどうか、なぜ私が知っているのですか？ 知りませんよ。)

Dàjiā dōu qù le, wǒ **bù yīnggāi** qù **ma?**
大家 都 去 了, 我 **不 应该** 去 **吗**？（=我应该去。）

(みんな行ったのに、私は行かなくてもいいのですか？ 行くべきですよね？)

5　述語の前にくるもの（①グループ）

時点（いつ）、副詞、介詞句、助動詞は、述語の前に使われます。

時点（いつ）

基本的には主語の後ろ、述語の前で、文頭に出ることはあっても文末にはきません。文頭に出るときは他と区別して強調した感じになりますので、「(何か理由があって) 今日は会いたくない」「(いつもは出席しているのに) 昨日は出席しなかった」というニュアンスになります。

Wǒ shàngwǔ qù chēzhàn mǎi chēpiào.
我 上午 去 车站 买 车票。　　　　（私は午前に駅へキップを買いに行きます。）

Wǒ **xīngqītiān bā diǎn** qǐchuáng.
我 **星期天 八 点** 起床。　　　　（私は日曜日は8時に起きます。）

Jīntiān wǒ bù xiǎng jiàn tā.
今天 我 不 想 见 他。　　　　（今日は彼に会いたくない。）

Zuótiān tā méi shàng Hànyǔ kè.
昨天 他 没 上 汉语 课。　　　　（きのう彼は中国語の授業に出席しなかった。）

副詞

副詞が複数ならぶことがありますが、修飾語と被修飾語の関係は、修飾語が前、被修飾語が後ろになるので、それぞれの位置によって意味が変わります。たとえば"不太…"は「とても…」を"不"で否定しますので「あまり…ではない」の意味になりますが、"太不…"は「…でない」を"太"で強調しますので「本当に…だ」の意味になります。

Zhège diànshìjī, wǒ yě bú tài mǎnyì.
这个 电视机，我 **也 不 太** 满意。

（このテレビには、私もあまり満足していない。）

Wǒ hái bú tài xíguàn zhèli de huánjìng, tài bù ānjìng le.
我 **还 不 太** 习惯 这里 的 环境，**太 不** 安静 了。

（私はまだここの環境にあまり慣れていない、うるさすぎる。）

Nǐ dédào zhème hǎo de chéngjì, tài bù jiǎndān.
你 得到 这么 好 的 成绩，**太 不** 简单。

（こんなにいい成績をおさめるなんて、たいしたものだ。）

介詞句

　介詞は英語の前置詞のようなものですが、中国語文法では「介詞」のほうが品詞名としてよく用いられています。もと動詞だったものが多く、目的語をとって介詞句になり、主に述語の前に使います（"在"のように文頭に出るものもあります）。

　また一部の介詞（"把""被""比"など）は、使い方や内容から処置文・受身文・比較文などに使われます。

　現代中国語では多くの動詞は目的語を1つしかとりませんが、介詞が発達して動詞の前に目的語を1つ出すようになったからです。

●**在**　　…で。場所を示す。

Wǒ mèimei zài yínháng gōngzuò.
我 妹妹 **在** 银行 工作。　　　　　　　　　（妹は銀行で働いています。）

Shàngwǔ zài bàngōngshì jiàn jīnglǐ.
上午 **在** 办公室 见 经理。　　　　　　　　（午前にオフィスで社長に会います。）

●**从**　　…から。起点を表す。

Nàge huìyì cóng sì diǎn bàn kāishǐ.
那个 会议 **从** 四 点 半 开始。　　　　　　（その会議は四時半から始まります。）

Cóng bīnguǎn dào jīchǎng zuò chūzūchē yào duōshao qián?
从 宾馆 **到** 机场 坐 出租车 要 多少 钱？

（ホテルから飛行場までタクシーでいくらかかりますか？）

● 对　　…について。対象を表す。

Wǒ duì Zhōngguó lìshǐ hěn yǒu xìngqu.
我 对 中国 历史 很 有 兴趣。
（私は中国の歴史についてとても興味があります。）

Tā duì wǒ hěn rèqíng.
他 对 我 很 热情。
（彼は私に親切だ。）

● 离　　…から…まで。二点間の距離を表す。

Yīyuàn lí zhèr hěn jìn.
医院 离 这儿 很 近。
（病院はここから近いです。）

Gōngsī lí nǐ jiā yuǎn ma?
公司 离 你 家 远 吗？
（会社はあなたの家から遠いですか？）

● 跟　　…と。…のあとについて。動作の関係を表す。

Wǒ gēn tā jiéhūn yǐjīng èr shí nián le.
我 跟 他 结婚 已经 二 十 年 了。
（私は彼と結婚してすでに二十年になりました。）

Nǐ gēn tā yíyàng cōngmíng.
你 跟 他 一样 聪明。
（あなたは彼と同じく聡明だ。）

＊副詞（否定の"不""没"や禁止の"别"）は多くの場合、介詞句の前にきます。

Nǐ bié zài jiàoshì lǐ yòng shǒujī.
你 别 在 教室 里 用 手机。
（教室で携帯電話を使ってはいけません。）

Tā hái méi cóng xuéxiào huílái.
他 还 没 从 学校 回来。
（彼はまだ学校から帰ってきません。）

助動詞

　助動詞は、もとは動詞だったもの、古くは副詞だったものが多く、述語の前に使いますが、肯定否定形で疑問文にするときは助動詞の部分を肯定否定形にし、助動詞だけで答えることができます。
　否定形で"不"をつけると意味がかなり変わるため、他の助動詞に置き換えるものがあります。

- ●会 ①（練習して技能的に）できる。
  ②可能性がある。きっと…に違いない、…なはずだ。

Nǐ huì kāichē ma?
你 会 开车 吗？　　　　　　　　　　　（あなたは車を運転することができますか？）

Tā huì bú huì yóuyǒng?　　Huì.
他 会 不 会 游泳 ？―― 会 。　　　　　（彼は泳げますか？――泳げますよ。）

Nǐ bàba、 māma zhīdào, yídìng huì kū de.
你 爸爸、妈妈 知道，一定 会 哭 的 。
　　　　　　　　　　　　　　　　　　　（お父さん、お母さんが知ったら、きっと泣きますよ。）

- ●能 ①（能力や条件があって）できる。
  ②（状況や事情から）できる。…してもよい。

Wǒ zài jiālǐ néng shàngwǎng.
我 在 家里 能 上网 。　　　　　　　　（私は家でネットに接続できる。）

Nǐ néng bù néng jiāo wǒ pǔtōnghuà?
你 能 不 能 教 我 普通话 ？　　　　　（私に普通話を教えてくれますか？）

- ●可以　（許可されて）できる。…してもかまわない。
  ＊否定形"不可以"は禁止になる。

Nǐ rúguǒ bú yuànyì, bú qù yě kěyǐ.
你 如果 不 愿意，不 去 也 可以 。
　　　　　　　　　　　　　　　　　　　（もし行きたくないなら、行かなくてもいいですよ。）

Wǒ kěyǐ kàn diànshì ma?　　Bù xíng.　Bù néng.
我 可以 看 电视 吗？―― 不 行 。/ 不 能 。
　　　　　　　　　　　　　　　　　　　（テレビを見てもいいですか？――ダメです。）

Zhèr bù kěyǐ yòng diànnǎo.
这儿 不 可以 用 电脑 。　　　　　　　（ここでパソコンを使ってはいけません。）

● **应该** （道理から）…すべきだ、…しなくてはならない。

Wǒmen **yīnggāi** bāngzhù tā.
我们 **应该** 帮助 他。　　　　　　　　　　（私たちは彼を助けなくてはいけません。）

Nǐ **bù yīnggāi** xiào tā, tā shì rènzhēn de.
你 **不 应该** 笑 他, 他 是 认真 的。

　　　　　　　　　　　　　　（あなたは彼を笑ってはいけません。彼は真面目なんですよ。）

● **想**　　…したい。

Wǒ **xiǎng** hē diǎnr píjiǔ.
我 **想** 喝 点儿 啤酒。　　　　　　　　　（ちょっとビールが飲みたい。）

Wǒ gǎnmào le, bù **xiǎng** qù le.
我 感冒 了，不 **想** 去 了。　　　　　　（風邪をひいたので、行きたくありません。）

● **要**　（必要があって）…したい、…しなくてはならない。
＊否定形"不要"は禁止になるので、「…したくない」は"不想"、「…しなくてもかまわない」は
　"不用"を使う。

Wǒ **yào** gěi tā xiě xìn.
我 **要** 给 他 写 信。　　　　　　　　　（彼に手紙を書きたい。）

Nǐ **yào** hē diǎnr shénme ma?　　Bù **xiǎng**.
你 **要** 喝 点儿 什么 吗？——**不 想**。（何か飲みたいですか？——いいえ。）

Wǒ **yào** mǎi piào ma?　　**Búyòng**, wǒ yǒu.
我 **要** 买 票 吗？——**不用**，我 有。

　　　　　　　　　（チケットを買わなくてはいけませんか？——いいえ、私が持っています。）

● **愿意**　（希望から）…したい。

Wǒ **yuànyì** cānjiā zhège huódòng.
我 **愿意** 参加 这个 活动。　　　　　　（私はこの活動に参加したい。）

Nǐ **yuànyì** yìqǐ zhàogù háizi ma?
你 **愿意** 一起 照顾 孩子 吗？　　　　　（一緒に子どもの世話をしてくれますか？）

Rúguǒ nǐ **bú yuànyì** qù, wǒ jiù yí ge rén qù.
如果 你 **不 愿意** 去，我 就 一 个 人 去。

(もし行きたくないなら、私ひとりで行きます。)

●**可能** 可能性がある。…かもしれない。

Míngtiān **kěnéng** xià xuě.
明天 **可能** 下 雪。　　　　　　　　　　　　　　(あすは雪がふりそうだ。)

Yéye **kěnéng** shēngbìng le, tā fāshāo le.
爷爷 **可能** 生病 了, 他 发烧 了。(お祖父さんは病気かも知れない。熱がある。)

Nǎinai **bù kěnéng** qù wàiguó.
奶奶 **不 可能** 去 外国。　　　　　　　　(お祖母さんは外国には行きません。)

●**敢** （あえて）…する。

Nǐ **gǎn** xiāngxìn ma? Wǒ cónglái méi yùdàoguo zhèyàng de shìqing.
你 **敢** 相信 吗 ？ 我 从来 没 遇到过 这样 的 事情。

(あなたは信じられますか？ 私はこんなことには出逢ったことがない。)

Nǐ **gǎn bù gǎn** qí mǎ? Zěnme **bù gǎn**?
你 **敢 不 敢** 骑 马？——怎么 **不 敢**？

(あなたは馬に乗れますか？——なぜできないの？できるわ。)

6　アスペクト

　中国語には過去形や未来形のような時制はなく、アスペクトがあります。アスペクトは「相」や「態」ともいい、動作や状態がどのような段階にあるかを表します。時制ではありませんので、過去でも現在でも未来でも、「その時点で」動作がどういう段階にあるかを表します。
　用語は聞きなれず難しいですが、進行（…しているところだ）や経験（…したことがある）など、意味はそれほど分かりづらくありません。またごく少数の特定の語しかアスペクトになりません。
　ただしアスペクトになる語の品詞はさまざまなので、使われる位置は三か所にわたります。モデル化すると、次のようになります。

主語＋"**在**"(進行)＋動詞＋"**了**"(完了)＋目的語＋"**了**"(変化)。
　　　　　　　　　　"**过**"(経験)
　　　　　　　　　　"**着**"(持続)

＊アスペクトはすでに動作が何らかの段階に入っていることを示しており、否定形は"没"を使います。

"在"（進行）+動詞

副詞の"在"は進行（…しているところだ）を表します。しばしば文末に"呢"を伴い、"呢"だけでも進行の意味になりますし、副詞"正"と一緒に"正在"となったり、あるいは"正"だけでも進行の意味になります。

Nǐ zài gàn shénme ne?　　　　Wǒ méi zài gàn shénme.　Wǒ zài xiūxi ne.
你 在 干 什么 呢？——我 没 在 干 什么 。我 在 休息 呢。

（あなたは何をしているの？——何もしていませんよ。休んでいます。）

Tā zhèng zài zhǔnbèi kāihuì ne.
他 正 在 准备 开会 呢。　　　（彼はちょうど会議の準備をしているところだ。）

Wǒ zhèng xǐzǎo ne, guò yíhuìr gěi nǐ dǎ diànhuà.
我 正 洗澡 呢，过 一会儿 给 你 打 电话 。

（入浴中なので、あとで電話します。）

動詞+"了"（完了）

動詞のすぐ後ろの"了"は動作の完了（…した）を表します。目的語がある場合は動詞のすぐ後ろに使われていることが分かりやすいですが、目的語がない場合は、文末の"了"との区別があまりはっきりしません。"了"の使い方は、外国人にはとても難しいものです。否定形になると"了"は消えます。

Wǒ gěi dìdi jiǎng le yí ge gùshi.
我 给 弟弟 讲 了 一 个 故事。　　　　　　（私は弟に物語をひとつ話した。）

Nǐ kànjiàn le tā ma?　　　　Méi kànjiàn.
你 看见 了 他 吗？——没 看见 。（彼を見かけましたか？——見ていません。）

Wǒ hái méi kàn jīntiān de bàozhǐ.
我 还 没 看 今天 的 报纸 。　　　（私はまだ今日の新聞を読んでいません。）

動詞+"过"（経験）

動作が完了して語りの時点と離れていると、経験（…したことがある）になります。

Nǐ qùguo nàge chéngshì ma?
你 去过 那个 城市 吗？　　　（あなたはあの都市に行ったことがありますか？）

Wǒ gěi nǐ jièshàoguo tā ma?
我 给 你 介绍过 他 吗？　　　　　　　（あなたに彼を紹介したことがありましたか？）

Wǒ **méi** xué**guo** zhège cíyǔ.
我 **没** 学**过** 这个 词语。　　　　　　（私はこの言葉をまだ習ったことがない。）

動詞+"着"（持続）

比較的短時間に終わる動作で、動作のあとそのまま状態が長く続くもの（窓を開ける、椅子に座るなど）に持続（…し続けている）が使われることが多いと言われますが、予想より長く続いている動作や状態にも使われます。

Fángjiān lǐ kāi**zhe** kōngtiáo.
房间 里 开**着** 空调。　　　　　　　　（部屋はエアコンをつけたままだ。）

Bīngxiāng lǐ fàng**zhe** xīguā.
冰箱 里 放**着** 西瓜。　　　　　　　　（冷蔵庫にスイカがあるよ。）

Tuǐ hái téng**zhe** ne.
腿 还 疼**着** 呢。　　　　　　　　　　（足がまだ痛い。）

文末の"了"（変化）

変化が生じたとき、その変化に気づいたときに、文末に使われます。否定形になると"了"は消えますが、「…でない」ことに気づいたときは、否定形でも文末の"了"は一緒に使われます。

Wǒ è **le**.
我 饿 **了**。　　　　　　　　　　　　（おなかがすいた。）

Nǐmen dōu míngbai **le** ma?
你们 都 明白 **了** 吗？　　　　　　　（皆さん分かりましたか？）

Bié dānxīn, wǒ lái **le**, nǐ kěyǐ fàngxīn **le**.
别 担心，我 来 **了**，你 可以 放心 **了**。

　　　　　　　　　　　（心配しないで。私が来たからには、安心していいですよ。）

Wǒ tóu téng le, bú qù kàn diànyǐng le.
我 头 疼 了，不 去 看 电影 了。

　　　　　　　　　　　（頭が痛くなったので、映画を観に行くのはやめた。）

> 応用

① (快/就) 要~了

　もうすぐ…しようとしている。これから動作が完了します。具体的に「いつ」かはっきりしている時は、"快要"は使いません。

Xiàwǔ **yào** guā fēng **le**.
下午 要 刮 风 了。　　　　　　　　　　　　　　（午後は風が吹きそうだ。）

Chuán **kuàiyào** lái **le**.
船　　快要　　来 了。　　　　　　　　　　　　（船がもうすぐ来る。）

Míngtiān **jiùyào** fàngjià **le**.
明天　　就要　　放假 了。　　　　　　　　　　（明日は休みだ。）

②動詞+"着"+ほかの動詞

　…しながら…する。一つの動作をしながら別の動作をしますが、後ろの動詞が文の述語です。

Tā měitiān zǎoshang **tīngzhe** yīnyuè pǎobù.
他 每天　早上　 听着　音乐　跑步。
　　　　　　　　　　　　　　　　　　　　　（彼は毎朝、音楽を聴きながらジョギングする。）

Jīntiān huì xià yǔ, nǐ **dàizhe** sǎn zǒu ba.
今天 会 下 雨, 你 带着 伞 走 吧。
　　　　　　　　　　　　　　　　　（今日は雨が降りそうだから、傘を持っていきなさい。）

7　述語の後ろにつくもの（②グループ）

　中国語文法でいう補語は、動作や状態について補足説明する部分です。基本的に動詞の後ろに使います。

　中国語は動詞が発達した言語で、補語も数種類あり、表現を豊かにしています。文法用語を覚えることにはあまり意味がありませんが、形をみてその語が文中でどのような役割をしているか分かることは、正確に言葉を理解し運用するために必要なことです。

> 結果補語

　動作をした結果どうなったのかを表すのが、結果補語です。日本語では「洗う」と言えば清潔になるとふつう考えますが、中国語は洗ってどういう結果になったのか、清潔になったのか、かえって汚れたのか、破れたのか、などを結果補語として表現するのです。

　結果補語になるのは、一部の動詞と、さまざまな形容詞です。

　結果補語があるとき、目的語はしばしば文頭に出ます。また、結果補語はすでに動作の結果を見

越した表現なので、まだ行われていなくても否定には"没"が使われます。

【動詞が結果補語になっている例】

●到　　動作の結果、あるポイントやレベルに到達している。

Wǒ zài chāoshì mǎi**dào** le hěn xīnxiān de shuǐguǒ.
我 在 超市 买**到** 了 很 新鲜 的 水果。

（私はスーパーで新鮮な果物を買いました。）

Tā hái **méi** zhǎo**dào** nǚpéngyou.
他 还 **没** 找**到** 女朋友。　　　　（彼はガールフレンドをまだ見つけていない。）

●完　　動作の結果、それが終わっている。

Zhè zhǒng yào mài**wán** le.
这 种 药 卖**完** 了。　　　　　　　　　　　　（この薬は売り切れました。）

Wǒ hái **méi** shuō**wán** zuì zhòngyào de shì.
我 还 **没** 说**完** 最 重要 的 事。

（私はまだいちばん大事なことを話し終わっていない。）

●在　　動作の結果、あるところに落ち着いている。

Tā zhàn**zài** zhōngjiān.
他 站**在** 中间。　　　　　　　　　　　　　（彼は真ん中に立っている。）

Wǒ zhù**zài** xuéxiào pángbiān, fùjìn yǒu hěn duō fànguǎn.
我 住**在** 学校 旁边, 附近 有 很 多 饭馆。

（私は学校のそばに住んでいます。付近にはレストランがたくさんあります。）

●给　　動作の結果、ほかの人や場所に移動している。

Wǒ yào sòng**gěi** tā shēngrì lǐwù.
我 要 送**给** 她 生日 礼物。　　（私は彼女に誕生日プレゼントをあげたい。）

Tā jiè**gěi** wǒ yì běn shū.
他 借**给** 我 一 本 书。　　　　　（彼は私に本を一冊かしてくれた。）

【形容詞が結果補語になっている例】

● **好**　動作の結果、きちんとした状態になっている。ちゃんと…している。

Érzi yǐjīng zhǎo**hǎo** le gōngzuò.
儿子 已经 找**好** 了 工作。　　　　（息子はもう仕事をちゃんと決めた。）

Mén **méi** guān**hǎo**.
门 没 关**好**。　　　　　　　　　（ドアがきちんと閉められていない。）

● **错**　動作の結果、間違っている。間違って…している。

Duìbùqǐ, wǒ ná**cuò** le yǔsǎn.
对不起，我 拿**错** 了 雨伞。　　　（すみません、傘を間違えて持っていきました。）

Wǒ **méi** huídá**cuò**.
我 没 回答**错**。　　　　　　　　（私は間違って答えていない。）

● **干净**　動作の結果、清潔だ。清潔に…している。

Fángjiān dǎsǎo**gānjìng** le.
房间 打扫**干净** 了。　　　　　　（部屋はきれいに掃除された。）

Nǐ kuài bǎ yīfu xǐ**gānjìng**.
你 快 把 衣服 洗**干净**。　　　　（あなたは早く服を清潔に洗いなさい。）

方向補語

　動作によって生じる方向を、補語として説明するものです。客観的に誰から見ても同じ方向と、語り手から見た方向があります。
　日本語では動作の方向をあまり意識しないので、理解できても使いこなすのは難しいものです。
　方向補語には派生義がたくさんあり、中級以上になるとそれも学習しなくてはいけません。派生義の方向補語は、形容詞の後ろにもよく使われます。

　客観的に見た方向には、次のものがあります。

shàng
上　上へあがってゆく　　　↑

xià
下　下へさがっていく　　　↓

chū
出　閉じた空間から出て行く　↗

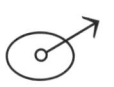

jìn
进　閉じた空間に入っていく　↙

| | huí
回 | もとの位置に戻る | | | guò
过 | ポイントを通過する | |
| | qǐ
起 | おきあがる | | | kāi
开 | 隙間が生じる | |

語り手から見た方向には、次のものがあります。

| | lái
来 | 近づいてくる | | | qù
去 | 遠ざかる | |

それぞれ単独で使うことがあり、単純方向補語と呼ばれます。組み合わせて使うことがあり、複合方向補語と呼ばれます。複合方向補語は、客観的な方向を先に言い、語り手から見た方向が後につづきます。

"来"と"去"は、目的語の後ろに使われることがあります。動作がこれから行われる時、目的語が場所の時、離合詞の時、命令や要求の時などです。

	上	下	进	出	回	过	起	开
来	上来	下来	进来	出来	回来	过来	起来	开来
去	上去	下去	进去	出去	回去	过去	—	—

◎単純方向補語

Qǐng jìn**lái**, xiān zuò**xià**, hē diǎnr chá ba.
请 进**来**，先 坐**下**，喝 点儿 茶 吧。

（どうぞお入りください。座って、お茶でも飲んでください。）

Línjū de xiǎo māo pǎo**lái** le.
邻居 的 小 猫 跑**来** 了。 （お隣さんの子猫が走ってきた。）

Māma mǎi**huí** hěn duō huā, yǒu hóng de、 huáng de, hěn hǎokàn.
妈妈 买**回** 很 多 花，有 红 的、 黄 的，很 好看。

（お母さんが花をたくさん買ってきた。赤いのや黄色いのや、とてもきれい。）

◎複合方向補語

Nǐ bǎ yǐzi bān**guòlái.**
你 把 椅子 搬**过来**。 （椅子を運んできなさい。）

112

Xīn tóngxué zǒu**jìn** jiàoshì **lái** le.
新 同学 走**进** 教室 **来** 了。　　　　　（新しいクラスメートが教室に入ってきた。）

Tā de míngzì, wǒ cái xiǎng**qǐlái**.
他 的 名字，我 才 想**起来** 。　　　　　（彼の名前を、やっと思い出した。）

🟦 可能補語

　動詞と結果補語あるいは方向補語のあいだに"得"をはさむと「…ができる」、"不"をはさむと「…ができない」という意味になり、これを可能補語と呼んでいます。否定形のほうが多く使われます。

Wǒ shuō de Hànyǔ nǐ tīng**de**dǒng　tīng**bu**dǒng?　　Tīng**de**dǒng.
我 说 的 汉语 你 听**得**懂　听**不**懂 ？── 听**得**懂 。

（私が話す中国語、聞いて分かりますか、分かりませんか？──分かりますよ。）

Wǒ zhōngyú jiàn**de**dào tā, zhēn bù róngyì.
我 终于 见**得**到 他，真 不 容易。

（やっと彼に会えた、ほんとうにたいへんだ。）

Zhè qúnzi tài shòu, chuān**bu**shàng.
这 裙子 太 瘦 ， 穿**不**上 。　　　（このスカートは小さすぎて、はけない。）

Tā de shēngyīn tài xiǎo, nǐ tīng**de**qīngchǔ　tīng**bu**qīngchǔ?
他的 声音 太 小，你 听**得**清楚 听**不**清楚？

（彼の声は小さすぎる。あなたははっきり聞こえますか，聞こえませんか？）

🟦 様態補語

　動詞や形容詞の後ろに"得"を伴い、その後ろでどのような様子か詳しく説明します。動詞の目的語は前に移動しますが、すると主語と目的語（ともに名詞）が並ぶことになるので、目的語の前にもう一度動詞が入ることがあります。モデル化すると、次のような形になります。

主語＋(動詞)＋目的語＋動詞/形容詞＋"得"＋ ……。

　様態補語の"得"の後ろは、文のさまざまなルール（たとえば形容詞の肯定形には"很"がつく等）が反映され、肯定否定の疑問文も"得"の後ろで作ります。

Tā cài zuò**de** zěnmeyàng?
他 菜 做**得** 怎么样 ？　　　　　　　　　（彼が作る料理はどうですか？）

Nàge bān de xiǎoxuéshēng xiě Hànzì xiě**de** hěn hǎo.
那个 班 的 小学生 写 汉字 写**得** 很 好。

（あのクラスの小学生は漢字を上手に書ける。）

Tā wàiyǔ xué**de** hǎo bù hǎo?　　　　Hěn hǎo.
她 外语 学**得** 好 不 好？—— 很 好。

（彼女は外国語が上手ですか？——上手ですよ。）

"游泳 yóu//yǒng 泳ぐ"のような動詞は、もとが動詞＋目的語の構成で、二字で一語ですが、しばしば二字の間にさまざまな要素（アスペクトや補語）が入ります。こういう動詞を「離合詞」といいます。本書ではピンインに「//」を入れて表記しています。様態補語では、次のような形になります。

Tā yóuyǒng yóu**de** zěnmeyàng?　　　yóu**de** fēicháng hǎo.
他 游泳 游**得** 怎么样？—— 游**得** 非常 好。

（彼は泳ぐのがどうですか？——泳ぐのがとても上手です。）

時量補語

動作の時間「どのくらい」を、時量補語といいます。目的語より前にきますが、英語などからの発想で目的語の後ろに間違えやすいものです。

Tā dú le **sì nián** shū.
他 读 了 **四 年** 书。　　　　　　（彼は4年間、学校に通った。）

Wǒ yī niánjí de shíhou, měitiān zǎoshang xuéxí **sān shí fēnzhōng** Hànyǔ.
我 一 年级 的 时候，每天 早上 学习 **三 十 分钟** 汉语。

（私は一年生のとき、毎日あさ中国語を30分勉強していました。）

Wǒmen yǐjīng děng le **liǎng ge xiǎoshí** fēijī.
我们 已经 等 了 **两 个 小时** 飞机。　（私たちはもう飛行機を2時間待った。）

動量補語

動作の回数「どのくらい」を、動量補語といいます。

Wǒ niánqīng de shíhou, páguo **yí cì** Fùshì Shān.
我 年轻 的 时候，爬过 **一 次** 富士 山。

（若いころに一度富士山に登ったことがある。）

Nǐ zài jiǎnchá **yì huí**, zěnmeyàng?
你 再 检查 **一 回**，怎么样？　　　　　（もう一回検査したら、どう？）

Wǒ jiēguo **liǎng cì** tā de diànhuà.
我 接过 **两 次** 他的 电话 。　　　　　　　（彼の電話を2回受けた。）

程度補語

　"…极了"は動詞や形容詞の後ろについて「とても…だ」という意味になり、これを程度補語と呼ぶことがあります。ほかに "…死了 sǐle" "…多了 duōle" も同じ意味で使われます。

Zhèr de chūn xià qiū dōng dōu hǎo **jíle.**
这儿的 春 夏 秋 冬 都 好 **极了** 。　（ここの春夏秋冬はどれもすばらしい。）

Zhège zìdiǎn hǎo **jíle.**
这个 字典 好 **极了** 。　　　　　　　　　（この字書はとてもいい。）

コラム

重ね型

1. 動詞

重ねると「ちょっと」の意味が出てきます。動詞の間に"一"がはいっても同じ意味です。二字の動詞は「ABAB」のように重ねます。離合詞の場合は「AAB」の形になります。

Nǐ **kànyikan** zhège huāyuán, zhēn piàoliang.
你 **看一看** 这个 花园，真 漂亮。
（この花壇をちょっとご覧なさい、ほんとうに奇麗。）

Nǐ **wènwen** tā, tā kěnéng zhīdào.
你 **问问** 他，他 可能 知道。
（彼に聞いてみなさい、知っているかも知れないよ。）

Wǒ yào **duànliànduanlian** shēntǐ.
我 要 **锻炼锻炼** 身体。 （私はちょっと身体を鍛えないといけない。）

Qǐng **bāngbāng** máng.
请 **帮帮** 忙。 （ちょっと手伝ってください。）

2. 形容詞

重ねると意味が強くなります。一字の形容詞を重ねて"儿化"すると、後ろの形容詞は1声に変調します。二字の形容詞は「AABB」のように重ねます。日本語の「明々白々」「正々堂々」などを思い出すと、覚えやすいでしょう。

Tā zǒngshì názhe **dàdà** de shūbāo.
他 总是 拿着 **大大** 的 书包。 （彼はいつも大きなカバンを持っている。）

Wǒ yào **hǎohāor** xiǎng bànfǎ.
我 要 **好好儿** 想 办法。 （私はよく方法を考えなくてはいけない。）

Tā **gāogāoxìngxìng** de huí jiā le.
他 **高高兴兴** 地 回 家 了。 （彼は喜んで帰宅した。）

＊"高兴"のように形容詞と動詞がある語は、動詞として使われている時の重ね型は"高兴

高兴"になります。

3. 名詞

重ねると、一つ一つ確認して「すべて」という意味になります。

Rén rén dōu zhīdào.
人人都知道。　　　　　　　　　　　　　　　（みんな知っているよ。）

4. 量詞

重ねると、一つ一つ確認する感じになります。

Yí gè gè dōu yào jiǎnchá.
一个个都要检查。　　　　　　　　　　　（一つ一つ検査しなくてはいけない。）

文法篇

コラム　重ね型

2 注意すべき構文

内容の面から「○○文」と呼ばれるものがあります。使役文や比較文など、日本語や英語の文法で馴染みのあるものもあれば、判断文や処置文など中国語独自のものもあります。文型はいずれも、これまで学んできた基本文型の範囲で説明できます。

1 判断文("是"構文)

SVOの形ですが、S＝Oなのが特徴です。すでに分かっていることが主語となり、その説明を目的語の部分でするので、判断文や説明文、また"是"構文と呼ばれています。論説的な文章では、この判断文が多くなります。"是"は日本語の「です」に相当するわけではないので、S＝Oでないときに"是"を使うと、文全体を強調する感じが出ます。

"是"は特殊な動詞で、ほかの動詞と違って前後に助動詞やアスペクト、補語がほとんどつきません。"是"が述語になる文は修飾語がついて長くなりがちですが、基本的には名詞が主語と目的語になるので、落ち着いて読んでいくと主語や目的語になっている名詞が見つかります。名詞を修飾するときは前に"的"がつくので、これが一種の目印になります。目的語の名詞が省略される時も、"的"が残ります。

Wǒ **shì** Rìběnrén.
我 **是** 日本人。　　　　　　　　　　　　　　　（私は日本人です。）

Tā **shì** wǒ zuì xǐhuan de lǎoshī.
他 **是** 我 最 喜欢 的 老师。　　　　　　（彼は私がいちばん好きな先生です。）

Zhè **bú shì** nǐ yí ge rén néng jiějué de wèntí.
这 **不 是** 你 一 个 人 能 解决 的 问题。

　　　　　　　　　　　（これはあなた一人で解決できる問題ではありません。）

Nǐ měitiān hē yì bēi niúnǎi **shì** duì jiànkāng de hǎo xíguàn.
你 每天 喝 一 杯 牛奶 **是** 对 健康 的 好 习惯。

　　　　（あなたが毎日牛乳を1杯飲んでいるのは、健康のためによい習慣ですね。）

2 "是…的"

"是…的"ではさむと、はさまれた部分（多くは場所や時）が強調されます。"是"が形の上ではSVOの述語になっていますが、"是…的"をとっても多くは意味が通じます。"是…的"をとると、他の動詞を述語にしたSVOであったり、または形容詞述語文や名詞述語文であったりします。

Zhè **shì** wǒ zài gōngyuán lǐ huà **de**.
这 **是** 我 在 公园 里 画 **的**。　　　　　（これは私が公園で描いたものです。）

Wǒ **shì** qùnián rènshi tā **de**.
我 **是** 去年 认识 他 **的**。　　　　　　　（私は去年、彼と知り合いました。）

Zhège shùxué tí **shì** hěn nán **de**.
这个 数学 题 **是** 很 难 **的**。　　　　　　（この数学の問題はとても難しい。）

Wǒ lǎolao **shì** yījiǔsìlíng nián shēng **de**.
我 姥姥 **是** 1940 年 生 **的**。　　　　　　（私のお祖母さんは1940年生まれです。）

Zhège wèntí **shì** hé nǐ yǒu guānxi **de**.
这个 问题 **是** 和 你 有 关系 **的**。　　　　（この問題はあなたと関係があるものです。）

3 存現文（現象文）

モノ（人や事柄）が「ある（存在）」「現れる（出現）」「なくなる（消失）」ときに、現れたり存在したりするモノが目的語の位置にきます。SVOの形ですが、Vの動作をしているモノは主語ではなく目的語の位置に出てきます。これを「存在」と「出現」からとって存現文と呼んだり、また現象文とも呼んでいます。

古くからある表現方法で、日本の漢語でも「降雨」「立春」のように、「雨が」降るのに「雨」は主語の位置ではなく「降る」の後ろ、目的語の位置にくるのです。現代中国語で「雨が降る」は"下雨"、やはり"雨"は動詞"下"の後ろにきます。

自然現象に多く見られる語順で、「天が」という主語が省略されている（天が雨を降らせる）という考え方もありますが、現代中国語では自然現象以外にもよく使われます。

主語と区別して、動作主（動作をするモノ）という考え方があります。「存現文の動作主は主語の位置ではなく目的語の位置にくる」と考えることができます。

中国語は「主語の位置にあるモノが必ずしも動作をしない」「主語＝動作主とは限らない」と覚えておくと、ほかにも理解しやすい表現があります。

Gāngcái **lái** kèrén le.
刚才 **来** 客人 了。　　　　　　　　　　　（さっきお客さんが来たよ。）

Qiánmiàn pǎoguolai yì tiáo gǒu.
前面 跑过来 一 条 狗。　　　　　（前から犬が一匹はしってきた。）

Huǒchēzhàn qián děngzhe hěn duō rén.
火车站 前 等着 很 多 人。　　　（駅の前でたくさんの人が待っている。）

Pánzi shàng fàngzhe liǎng bēi kāfēi.
盘子 上 放着 两 杯 咖啡。　　（お盆の上にコーヒーが2杯置いてあります。）

4　"有"を使う文

"有"も特殊な動詞です。否定の副詞は"没"を使います。
　モノが存在する時、日本語では「人」だったら「いる」、「物」だったら「ある」という動詞を使います。中国語では、所有には"有"、存在には"在"を使います。

Nǐ yǒu qiānbǐ ma?　　　Méiyǒu
你 有 铅笔 吗？　——没 有。　　（鉛筆を持っていますか？　——持っていません。）

Bēizi zài zhuōzi shàng.
杯子 在 桌子 上。（コップはテーブルの上にあります。）

　主語が「場所」のとき、所有とは少し違う感じがします。実は存現文になっています。

Wǒ shūshu yǒu yí ge nǚ'ér.
我 叔叔 有 一 个 女儿。　　所有文　　（おじさんには娘が一人います。）

Shìjiè shàng yǒu hěn duō guójiā.
世界 上 有 很 多 国家。　　存現文　　（世界にはたくさんの国がある。）

Fúwùyuán, yǒu shuǐ ma?
服务员, 有 水 吗？　　存現文　　（服務員さん、お水ください。）

5　連動文

　一つの主語に対して、動詞（＋目的語）を2回繰り返して表現することができます。SVOVO（Oは省略可）の形になります。ふつう動作をする時間順に並び、前の動詞（句）が手段で、後ろの動詞（句）が目的だと説明されることもあります。

Zhōngwǔ wǒ yào qù túshūguǎn huán shū.
中午 我 要 去 图书馆 还 书。　　(昼に私は図書館へ行って本を返却したい。)

Nǐ yīnggāi mǎshàng qù yīyuàn jiǎnchá shēntǐ.
你 应该 马上 去 医院 检查 身体。

(あなたはすぐ病院へ行って身体を検査しなくてはいけません。)

Wǒmen jiào chūzūchē qù ba.
我们 叫 出租车 去 吧。　　(私たちはタクシーを呼んで行きましょう。)

6　兼語文

　SVOの文が2つ、OとSでドッキングした形になります。最初の動詞の目的語が、主語を兼ねて他の動詞（句）をとるので、主語と目的語を兼ねる文、兼語文と呼ばれます。"有"は兼語文を作りやすい動詞です。

Nǐ gàosu wǒ yīnggāi zěnmebàn.
你 告诉 我 应该 怎么办 。　　(私はどうすべきか、教えてください。)

Nǐ kěyǐ bāngzhù wǒ wánchéng zhège gōngzuò ma?
你 可以 帮助 我 完成 这个 工作 吗？

(あなたはこの仕事を完成させるのを手伝ってくれますか？)

Wǒmen yǒu yí ge jiémù yào biǎoyǎn de.
我们 有 一个 节目 要 表演 的。

(私たちには上演したいプログラムがひとつある。)

7　比較文

　比較文は、介詞の"比"を使います。述語は形容詞であることが多く、「どのくらい」違うのかは、形容詞の後ろで表現します。英語のような比較級、最高級はなく、副詞で「さらに」「いちばん」などを表します。

Wǒ jiějie bǐ wǒ gāo.
我 姐姐 比 我 高 。　　(姉は私より背が高い。)

Nàge dìfang bǐ yǐqián ānquán duō le.
那个 地方 比 以前 安全 多 了。

(あの場所は以前よりずっと安全になりましたね。)

Hóng píngguǒ **bǐ** lǜ píngguǒ **duō liǎng** ge.
红 苹果 **比** 绿 苹果 **多 两** 个。（赤いリンゴは緑のリンゴより２個多い。）

　否定形はほかの介詞句と同じように、否定の副詞"不"や"没"を前につけますが、"没有…（那么）…"という表現もよく使われます。

Zhège jiǔdiàn **bù bǐ** biéde **chà**.
这个 酒店 **不 比** 别的 **差**。　　　　　（このバーはよそより劣ってはいない。）

Hòubiān **méiyǒu** qiánbiān **nàme gānjìng**.
后边 **没有** 前边 **那么 干净**。　　　　　（後ろは前ほど清潔ではない。）

＊同じ場合は、"和…一样""跟…一样""像…那样"などを使います。

Nánshēng **hé** nǚshēng **yíyàng** duō.
男生 **和** 女生 **一样** 多。　　　　　　　（男子学生は女子学生と同じくらい多い。）

Wǒ **hé** tā **yíyàng** huānyíng nǐ.
我 **和** 他 **一样** 欢迎 你。　　　　　　　（私は彼と同じくあなたを歓迎します。）

Tā **xiàng** xiǎoháir **nàyàng** kū le.
他 **像** 小孩儿 **那样** 哭 了。　　　　　　（彼は子どものように泣いた。）

8　処置文（"把"構文）

　目的語はふつう動詞の後ろに置かれますが、その目的語に働きかけがあり、目的語に変化が生じる（生じた）場合、介詞の"把"をともなって動詞より前に出てきます。そのモノを「どうする（した）」と処置する感じが強いことから、処置文または"把"構文と呼ばれています。
　本来、目的語は動詞の働きかけを受けるものですから、"把"を使って前に出てくるときは、動詞がシンプルな形ではなく、働きかけた結果を示す結果補語がついている等、いくらかでも複雑な形になっていることが多いです。

Fúwùyuán, **bǎ** càidān náguòlái.
服务员, **把** 菜单 拿过来。　　　　　　　（服務員さん、メニューを持ってきて。）

Bǎ jiérì de dōngxi dōu zhǔnbèihǎo le.
把 节日 的 东西 都 准备好 了。　　　　（記念日のものはすべて準備し終わった。）

9　受身文

　受身文は介詞の"被"を使い、"被"の目的語にその動作をした人を言います。受身の構文にしなくても、意味上の受身文が中国語には多いので、わざわざ"被"を使って受身文にする時は「誰にされたのか」はっきりさせたい、被害者意識が強いと言われます。とくに「誰が」と特定しない、できない、する必要がないときは、"被"の目的語を省略するか、"人"としておくことも多いです。

Zhàoxiàngjī **bèi zhàngfu** nònghuài le.
照相机 **被 丈夫** 弄坏 了。(＝丈夫弄坏了照相机。)

（カメラは夫に壊された。）

Shù **bèi fēng** guādǎo le.
树 **被 风** 刮倒 了。(＝风刮倒了树。)

（樹は風に吹き倒された。）

Qiánbāo **bèi rén** názǒu le.
钱包 **被 人** 拿走 了。　　　　　　　　（財布は誰かに持って行かれた。）

Nàge dēng **bèi** dǎhuài le.
那个 灯 **被** 打坏 了。　　　　　　　　（あの電灯は壊された。）

＊受身文は"被"を使う介詞句なので、否定の副詞"不""没"は"被…"より前にきます。

Nà jiàn chènshān **méi bèi** mǎizǒu.
那 件 衬衫 **没 被** 买走。　　　　　　（あのシャツはまだ買われていない。）

＊意味上の受身文は、主語の位置にあるモノがその動作を「されている」ものです。日本語で「…は」と訳してしまうとなかなか気づきませんが、よく見られる表現です。下の例文の「朝ご飯」「意味」「ニュース」は主語の位置にありますが、動作をされている側で、「動作主ではない」と言えます。

Zǎofàn chīhǎo le.
早饭 吃好 了。　　　　　　　　　　　　（朝ご飯はちゃんと食べました。）

Yìsi míngbai le.
意思 明白 了。　　　　　　　　　　　　（意味は分かりました。）

Xīnwén tīngdào le.
新闻 听到 了。　　　　　　　　　　　　（ニュースなら聞きました。）

10　使役文

　使役文には、使役動詞を使います。使役動詞はいくつかあり、それぞれニュアンスが少しずつ違います。使役は、誰かに何か別の動作を「させる」ものですから、必ず兼語文の形をとります。使役動詞の目的語によってはお願いする意味になり、またモノが主語になる時は受身の意味にもなりますが、使役文では使役動詞の目的語がある動作をしている点が共通しています。否定の副詞"不""没"は、使役動詞の前に使います。

●让　相手が望む、あるいは気にしないと予想されるとき。

　Qīzi **ràng** háizi huàn yīfu.
　妻子 **让** 孩子 换 衣服。(＝孩子换衣服。)

（妻が子供に服を着替えさせた。）

　Ràng wǒ bǐjiào yíxiàr.
　让 我 比较 一下儿。(＝我比较一下儿。)

（私にちょっと比べさせてください。）

　Yīshēng **bú ràng** tā shàng tǐyù kè.
　医生 **不 让** 他 上 体育 课。　　　（医者は彼を体育の授業に出させない。）

　Sījī **bú ràng** tāmen shàng chē.
　司机 **不 让** 他们 上 车。　　　　（運転手が彼らを乗車させない。）

●叫　相手が嫌がるだろうと予想されるとき。

　Bàba **jiào** wǒ fùxí kèběn.
　爸爸 **叫** 我 复习 课本。　　　　（お父さんは私にテキストを復習させる。）

　Lǎoshī **jiào** wǒmen liànxí xiě zì.
　老师 **叫** 我们 练习 写 字。　　　（先生は私たちに字を書く練習をさせる。）

　Shéi **jiào** nǐ dǎsǎo fángjiān de?
　谁 **叫** 你 打扫 房间 的？　　　　（誰があなたに部屋を掃除させるのですか？）

●令　感情にかかわるとき。

　Jiālǐ de māo yǒu bìng le, **lìng** rén nánguò.
　家里 的 猫 有 病 了，**令** 人 难过。　　（家のネコが病気になって、つらい。）

Zhè zhāng zhàopiàn **lìng** rén hàipà le.
这 张 照片 **令** 人害怕 了。　　　　　　　（この写真は人々を怖がらせた。）

●使　文章語など少しかたい表現のとき。

Jīngguò yí duàn shíjiān, **shǐ** liǎng guó de guānxi gèng hǎo le.
经过 一 段 时间，**使** 两 国 的 关系 更 好 了。

（一定の時間を経て、両国の関係はますますよくなった。）

Tā guòqù zuò de shìqing, bìng **bù shǐ** rén juéde qíguài.
他 过去 做 的 事情，并 **不 使** 人 觉得 奇怪。

（彼が過去にやったことは、さほど人々を不思議がらせなかった。）

●请　お願いしてやってもらうとき。

Kǒu kě le, **qǐng** nǐ gěi wǒ yì bēi shuǐ.
口 渴 了，**请** 你 给 我 一 杯 水 。(＝我请你给我～。)

（のどが乾きました。水を一杯ください。）

Qǐng gàosu wǒ chūxiàn le shénme wèntí.
请 告诉 我 出现 了 什么 问题。(＝我请你告诉我～。)

（どんな問題がおこったのか私に教えてください。）

文法篇

使役文

125

まとめ

①判断文("是"構文)　　SVO　　　　S=O
　我是日本人。

②"是…的"　　　S+是+VO+的。　　　　　　　　　　はさんで強調
　我是昨天来的。

③存現文(現象文)　　SVO　　　　O=動作主
　下雨了。

④"有"を使う文　　場所が主語のとき＝存現文
　桌子上有很多书。

⑤連動文　　　　SVOVO　　　　動作をする時間順に　Oは省略可
　我去商店买东西。

⑥兼語文　　　　S+V+(O=S)+V+O　　　　SVOが2つドッキング
　我有一个朋友从中国来的。

介詞句を使うもの

⑦比較文　　S+"比"~+述語(形容詞)　　　　　　　　　変形もあり
　今天比昨天冷。　我比他大两岁。　他不比你差。
　他和我一样高。　这个没有那个那么好。

⑧処置文("把"構文)　　S+"把"~+V(+α)　　「~」が動詞の(もとの)目的語
　我把书看完了。

⑨受身文　　S+"被"~+V+O　　　「~」がVの動作主　"人"や省略も可
　我的照相机被哥哥弄坏了。(＝哥哥弄坏了我的照相机。)
　他被人打哭了。　我的书被拿走了。

兼語文になるもの

⑩使役文　　S+使役動詞+人(O=S)+V+O
　我让他去买票。　老师叫我们写字。　真令人高兴。
　这话并不使人觉得奇怪。　请大家想想办法。

＊副詞(否定の"不""没"や禁止の"别")は介詞句の前
　你别把报纸拿走。　妈妈不让我玩游戏。

3 よく使われる句型

　これまで単文で基本文法を学んできましたが、接続詞や副詞を使って呼応させて複文にすると、もっと複雑な表現ができます。接続詞は文頭に使われるので分かりやすいですが、副詞は主語の後ろにくるので、しばしば呼応する表現の副詞を見落としたり、主語の前に使って間違えることがあります。

　呼応する表現はたくさんありますので、ごく一部だけここでは紹介しておきましょう。

又…又…

Nàge fàndiàn de cài **yòu** hǎochī **yòu** piányi.
那个 饭店 的 菜 **又** 好吃 **又** 便宜。

（あのレストランの料理はおいしいし安い。）

一边…一边…

Wǒ xǐhuan **yìbiān** hē kāfēi, **yìbiān** kàn shū.
我 喜欢 **一边** 喝 咖啡，**一边** 看 书。

（私はコーヒーを飲みながら本を読むのが好きだ。）

越…越…

Wǒ **yuè** lái **yuè** zháojí le.
我 **越** 来 **越** 着急 了。

（私はだんだん焦ってきた。）

一会儿…一会儿…

Tiānqì **yíhuìr** qíng **yíhuìr** yīn, biànhuà hěn kuài.
天气 **一会儿** 晴 **一会儿** 阴，变化 很 快。

（天気が晴れたり曇ったり、変化がはげしい。）

因为…, 所以…

Yīnwèi gǎnmào le, suǒyǐ tā jīntiān méi lái shàngkè.
因为 感冒 了, **所以** 她 今天 没 来 上课。

(風邪をひいたので、彼女は今日は授業に出席しなかった。)

虽然…, 但是…

Tā **suīrán** zhǐ xué le liǎng nián Hànyǔ, **dànshì** shuōde fēicháng hǎo.
他 **虽然** 只 学 了 两 年 汉语, **但是** 说得 非常 好。

(彼はたった2年間中国語を勉強しただけだが、とても上手に話す。)

除了…（以外）, 还/都/也…

Chúle nǐ yǐwài, shéi **dōu** zhīdào.
除了 你 以外, 谁 **都** 知道。　　　　(あなたを除いて、みんな知っている。)

Chúle nǐ yǐwài, **hái** yǒu wǒ zhīdào.
除了 你 以外, **还** 有 我 知道。　　　　(あなた以外に、私が知っている。)

…了, 就…

Chībǎo **le**, **jiù** shuìjiào, duì shēntǐ bù hǎo.
吃饱 **了**, **就** 睡觉, 对 身体 不 好。

(お腹いっぱい食べてすぐ眠るのは、身体によくないよ。)

文章篇

第1編　述語はどれか？
——童裳亮「海と生命」より

　長い文を読む時には、何が述語か探しながら読むと、文意をつかみやすくなります。
　この文章は論説文なので、述語に"是"がたくさん使われています。"是"は特殊な動詞で、前後に助動詞やアスペクト、補語があまりつきません。また長い文の中に"是"があると、たいていそれが述語になっています。
　"是"は「A＝B」の「＝」のような動詞ですから、主語Aとそれを説明している目的語B（ともにふつう名詞がなります）を落ち着いて探しながら読んでいくと、文の骨になっている部分が分かります。主語と目的語には長い修飾がつくことがありますが、名詞を修飾する時にはその前に"的"がつくので、それが目安になります。

Tóng Chángliàng　《Hǎiyáng yǔ shēngmìng》
童　裳亮　《海洋　与　生命》

Shēngmìng zài hǎiyáng lǐ dànshēng jué bú shì ǒurán de, hǎiyáng de wùlǐ
生命　在　海洋　里　诞生　绝不是　偶然的，海洋　的　物理
hé huàxué xìngzhì, shǐ tā chéngwéi yùnyù yuánshǐ shēngmìng de yáolán.
和　化学　性质，使　它　成为　孕育　原始　生命　的　摇篮。
Wǒmen zhīdào, shuǐ shì shēngwù de zhòngyào zǔchéng bùfen, xǔduō
我们　知道，水　是　生物　的　重要　组成　部分，许多
dòngwù zǔzhī de hánshuǐliàng zài bǎifēn zhī bāshí yǐshàng, ér yìxiē hǎiyáng
动物　组织　的　含水量　在　百分　之　八十　以上，而　一些　海洋
shēngwù de hánshuǐliàng gāodá bǎifēn zhī jiǔshíwǔ. Shuǐ shì xīnchéndàixiè
生物　的　含水量　高达　百分　之　九十五。水　是　新陈代谢
de zhòngyào méijiè, méiyǒu tā, tǐnèi de yíxiliè shēnglǐ hé shēngwù
的　重要　媒介，没有　它，体内　的　一系列　生理　和　生物
huàxué fǎnyìng jiù wúfǎ jìnxíng, shēngmìng yě jiù tíngzhǐ. Yīncǐ, zài duǎn
化学　反应　就　无法　进行，生命　也就　停止。因此，在　短
shíqī nèi dòngwù quēshuǐ yào bǐ quēshǎo shíwù gèngjiā wēixiǎn. Shuǐ duì
时期　内　动物　缺水　要　比　缺少　食物　更加　危险。水　对
jīntiān de shēngmìng shì rúcǐ zhòngyào, tā duì cuìruò de yuánshǐ shēngmìng,
今天的　生命　是　如此　重要，它　对　脆弱　的　原始　生命，
gèng shì jǔzúqīngzhòng le. Shēngmìng zài hǎiyáng lǐ dànshēng, jiù bú huì
更　是　举足轻重　了。生命　在　海洋　里　诞生，就　不会
yǒu quēshuǐ zhī yōu.
有　缺水　之　忧。

◎述語に注意しながら、意味をとってみましょう。

語 釈

如此：このように。そのように。
挙足軽重：〈成〉重要な地位にあって一挙手一投足が全局面に影響すること。

訳例

　生命が海で誕生したのは、けっして偶然ではない。海の物理的、化学的性質が、海を原始生命を育む揺りかごにさせた。
　水は生物の重要な組成部分であり、多くの動物組織の水分含有量は80％以上であり、一部の海洋生物の水分含有量は95％にまで達する、と私たちは知っている。水は新陳代謝の重要な媒介であり、水がないと、体内の一連の生理・生物化学反応は行うことができず、生命も停止してしまう。このため、短期間ならば動物は水が欠乏しているほうが、食物が欠乏しているよりもより危険なのである。水は今日の生命にとってこれほど重要であるので、脆弱な原始生命にとっては、さらに全面的に影響した。生命が海で誕生したのは、水が欠乏する心配がなかったからである。

【学習ポイント】

☆ 述語はどれか？

　長い文では、主語が代わりながら「,」で文が繋がっていくことがあります。述語がどれか分かると文の骨の部分が分かり、全体の文意を見失うことがありません。
　上の文章を一文ずつ、述語が変わるごとに区切って見てみましょう。介詞句は長くなることがあるので、（　）で括ってみましょう。修飾語も適宜（　）に入れてみます。

①<u>生命</u>（在海洋里）诞生　绝　不　<u>**是**</u>　偶然的,
　　主語　　　　　　　　　　　副詞　述語　名詞の代わりをする"的"

<u>海洋的（物理和化学）性质</u>,　**使**　它　成为　（孕育原始生命的）摇篮。
　　　主語　　　　　　　　　　使役　目的語
　　　　　　　　　　　　　　　動詞＝主語　動詞　　　　　　　　目的語

＊"生命…"の文は"是"が述語です。主語は"生命在海洋里诞生（生命が海で誕生した）"という「主語＋介詞句＋動詞」の文構造になっています。名詞以外に動詞句やこうした文も、主語の位置にきます。文全体の述語になっている動詞と違って、主語の一部である動詞（この場合は"诞生"）には、前後に助動詞やアスペクトや補語はほとんどつかず、シンプルな形をしています。

＊"海洋…"の文は使役動詞"使"が使われていて、兼語文になります。使役動詞にも前後にアスペクトや補語はあまりつきません。"它"の後ろの動詞は"成为"と「動詞＋結果補語」になっています。「それを成らせる。その結果、それは原始生命を育むゆりかごに為る」という構造です。"它"が何を指しているか、少し分かりにくいかも知れません。主語に"海洋的物理和化学性质"とありますが、「海の性質が」「性質を」ゆりかごにした、はおかしいので、「海の性質が」「海を」ゆりかごにした、と考えます。

②我们　知道，
　主語　　動詞

　　水　　是　　（生物的）重要组成部分，
　主語　動詞　　　　　　目的語

　　　　（许多动物组织的）含水量　　在　　百分之八十以上，
　　　　　　　　　主語　　　　　　　動詞　　　　目的語

　　而　（一些海洋生物的）含水量　　高达　　百分之九十五。
接続詞　　　　　主語　　　　　　　動詞　　　　目的語

＊ "知道" が "我们" の述語ですが、「知っている」内容が3つの文で語られます。しかし2つめと3つめは "而" でつなげられて同じ構造をしていますので、実質的には2つの内容を「知っている」ことになります。「多くの動物の組織」と「一部の海洋生物」のように、中国語はものごとを対にして表現することを好みます。

③　水　　是　　（新陈代谢的）重要媒介，
　主語　動詞　　　　　目的語

　　　没有　　　　它，
　　動詞(否定)　　目的語

　体内的（一系列生理和生物）化学反应　　就　　无法进行，
　　　　　　　　主語　　　　　　　　　副詞　　述語

　生命　　　　　　　　　　　　　　　也　就　　停止。
　主語　　　　　　　　　　　　　　　副詞　動詞

＊ "水是…" に対して、"没有它" は存現文（消失）になっています。「…ならば」に相当する語はありませんが、いまある水が「ない」と言っているので、「ないとしたら」という仮定の話だと分かります。ないとどうなるか。「体内の化学反応」と「生命」、ともに "就…" と同じ構造になっていますが、"生命…" の文には "也" もあるので、一段階あがることが分かります。"无法进行" は少し短縮した表現で、"没有办法进行" の意味であり、「方法がない」と「方法が行われる」の兼語文になっています。兼語文は「行う方法がない」のように後ろから訳しあげると、日本語として落ち着きのいい訳文になることが多いです。

④因此，在短时期内　动物缺水　要　比缺少食物　更加　危险。
　接続詞　　介詞句　　　主語　助動詞　比較（介詞句）　副詞　形容詞

＊"动物缺水"は「動物が水を欠く（足りない）」という文が、主語になっています。"比缺少食物"は「食物を欠乏するより」で、"缺水"と"缺少食物"が比較の対象になっていますが、水のほうには"动物"がついて短縮した表現になり、見た目は"动物缺水"と"缺少食物"が四字ずつ対になっているような形をしています。"在…"の介詞句は特徴的で、しばしば長くなりがちなので"…内"のようにカッコを閉じる形になっています。"…里""…上"など方向に関する言葉で閉じることが多いです。その上で、しばしば文頭に出てきます。

⑤ 水　対今天的生命　　　是　如此　重要，
　主語　　介詞句　　　　　動詞　副詞　形容詞
　它　対脆弱的原始生命，更　是　挙足軽重　了。
　主語　　介詞句　　　　副詞　動詞　形容詞　助詞

＊ここも"今天的生命"と"脆弱的原始生命"が対になっています。どちらも形式的には"是"が述語ですが、これは文末の"了"と呼応して強調する表現で、"是…的"の変形です。"重要"と"挙足軽重"が内容的には述語と言えるでしょう。比較文はありますが、英語のような比較級・最上級はないので、"更"など副詞を使って「いっそう…だ」「もっとも…だ」を表します。

⑥ 生命（在海洋里）诞生，就　不　会　有　缺水之忧。
　　　　　主語　　　　　　副詞　助動詞　動詞　目的語

＊"缺水之忧"も短縮した言い方です。「水が足りなくなる心配」という意味ですが、しばしば"之"のような文語的な表現を用いて、文章の引き締め効果を狙います。中国語は四字の表現にしようとする傾向が強いことは、この文章からも分かります。

練習 ◎次の部分も読んでみましょう。 CD75　　　　→訳例は165P

Yángguāng suīrán wéi shēngmìng suǒ bìxū, dànshì yángguāng zhōng de
阳光　虽然　为　生命　所　必需，但是　阳光　中　的
zǐwàixiàn què yǒu èshā yuánshǐ shēngmìng de wēixiǎn.　Shuǐ néng yǒuxiào
紫外线　却　有　扼杀　原始　生命　的　危险。水　能　有效
de xīshōu zǐwàixiàn, yīn'ér yòu wèi yuánshǐ shēngmìng tígōng le tiānrán de
地　吸收　紫外线，因而　又　为　原始　生命　提供　了　天然　的
"píngzhàng".
"屏障"。

　　Zhè yíqiè dōu shì yuánshǐ shēngmìng déyǐ chǎnshēng hé fāzhǎn de
这　一切　都　是　原始　生命　得以　产生　和　发展　的
bìyào tiáojiàn.
必要　条件　。

語釈

为…所…：…にされる。
扼杀：絞め殺す。〈喩〉（新しい動きなどを）つぶす。
得以：（…によって）…することができる。

第2編 記号を見落とさない にぎやかな述語動詞 ——鄭瑩「故郷の橋」より

　長い文を読む時には、記号にも注意しましょう。中国では伝統的に区切りや引用等を表す文章記号を使ってきませんでしたが、現在はさまざまな記号を使っています。たとえば「:」は、これから具体的に説明するという合図ですし、「、」は短い語句の並列、「;」は長い語句や文の並列を表しています。記号を見落とさないことで、どのような構成で論述が進んでいくか予測できます。

　述語を抑えながら読んでいきますが、述語になっている動詞の前後には、副詞や介詞句や助動詞、アスペクトや補語がついて「にぎやか」になっていることが多いです。

　中国語は品詞の概念では上手く説明できない言葉が多く、名詞でもあり動詞でもある、動詞でもあり介詞でもある、そういう言葉がたくさんあります。日本語には中国語から輸入した漢語がいまでもたくさん使われているため、日本語で名詞として使う言葉は中国語でも名詞として使うと思いがちですが、そうとは限りません。言葉が文中でどのような役割をしているかで、ここは名詞、ここは動詞、と分かりますが、動詞（とくに述語になっている動詞）にはアスペクトや補語がついて「にぎやか」なので、大きな判断材料になります。

Zhèng Yíng　《Jiāxiāng de qiáo》
郑 莹 《家乡 的 桥》

　　　Wǒ zhìxiǎo de xīnlíng, céng jiāng xīnshēng xiàngěi xiǎo qiáo: Nǐ shì
　　我 稚小 的 心灵, 曾 将 心声 献给 小 桥:你 是
yì wān yínsè de xīnyuè, gěi rénjiān pǔzhào guānghuī; nǐ shì yì bǎ
一 弯 银色 的 新月, 给 人间 普照 光辉; 你 是 一 把
shǎnliàng de liándāo, gēyizhe huānxiào de huāguǒ; nǐ shì yì gēn huàng
闪亮 的 镰刀, 割刈着 欢笑 的 花果; 你 是 一 根 晃
yōuyōu de biǎndan, tiǎoqǐ le cǎisè de míngtiān! Ò, xiǎo qiáo zǒujìn
悠悠 的 扁担, 挑起 了 彩色 的 明天! 哦, 小 桥 走进
wǒ de mèng zhōng.
我 的 梦 中。

　　　Wǒ zài piāobó tāxiāng de suìyuè, xīnzhōng zǒng yǒngdòngzhe gùxiāng de
　　我 在 飘泊 他乡 的 岁月, 心中 总 涌动着 故乡 的
héshuǐ, mèng zhōng zǒng kàndào gōngyàng de xiǎo qiáo. Dāng wǒ fǎng
河水, 梦 中 总 看到 弓样 的 小 桥。 当 我 访
nánjiāng tàn běiguó, yǎnlián chuǎngjìn zuò zuò xióngwěi de cháng qiáo shí,
南疆 探 北国, 眼帘 闯进 座座 雄伟 的 长 桥 时,
wǒ de mèng biànde fēngmǎn le, zēngtiān le chì chéng huáng lǜ qīng lán zǐ.
我 的 梦 变得 丰满 了, 增添 了 赤 橙 黄 绿 青 蓝 紫。

◎文章記号と述語に注意して、意味を考えましょう。

....
....
....
....
....
....
....
....
....
....
....
....
....
....

語 釈

将 ：…を。"把"と同じ。
人間：人間の住む世界。現実の社会。
普照：照りわたる。
鎌刀：かま。

扁担：てんびん棒。
眼眶：（書き言葉で用いて）目の中。まぶた。
闖進：闖入する。飛び込む。

訳　例

　私の幼い魂は、心の声を小さな橋に捧げたものだった。あなたは銀色の新月、この世界に照りわたる光をくれる。あなたはキラキラする鎌、明るく笑う花と果実を刈りとっている。あなたはゆらゆら揺れるてんびん棒、カラフルな明日を担いでいる！　ああ、小さな橋が私の夢の中に入ってくる。

　私が他郷を放浪していた歳月、心の中ではいつも故郷の河が逆巻き、夢の中でいつも弓のような小さな橋を見ていた。南の辺境から北の国まで訪ね歩き、目に一つ一つ雄壮な長い橋が飛び込んでくる時、私の夢は豊かになり、赤やオレンジ、黄色、緑、青、藍色、紫の色が増えた。

【学習ポイント】

記号を見落とさない

　現代中国語では区切りや会話の引用等にさまざまな記号を使って文章を書くようになっているので、それを知っておくと、長い文章を読むときに役立ちます。普通話では横組みが正式なので、英語で使うような「,」を読点にするなど、日本語の文章記号とは違うものがあります。また段落のはじめは、二字下げです。

主な文章記号
- 。　センテンスの終わりを示す。日本語の句点と同じ。
- ，　文中の切れ目を示す。日本語の読点に相当する。
- 、　並列する事柄を示す。比較的短い語句の並列に用いる。
- ：　①発言する内容を示す時に" "と一緒に用いる。
　　　②具体的に内容を示す時に用いる。「つまり」「次の通り」の意。
- ；　並列する事柄を示す。比較的長い語句や文の並列に用いる。
- " "　会話などの引用、強調に用いる。
- 《 》　書名や篇名に用いる。

①我稚小的心灵,　曾　　将心声　　献给　　小桥:
　　主語　　　　　副詞　介詞句　　動詞　　目的語

你是一弯银色的新月,给人间普照光辉;

你是一把闪亮的镰刀,割刈着欢笑的花果;

你是一根晃悠悠的扁担,挑起了彩色的明天!

＊"小桥"の後ろの「:」は、「心の声を小さな橋に捧げた」というその「心の声」を具体的に以下述べるという合図です。3つの具体例が述べられていますが、並列の記号「;」で区切りながら、どの文も"你是…"で始まっていることが分かります。

☆「にぎやか」な述語動詞

とくに動詞述語文に言えることですが、述語になっている動詞の前後には、副詞や介詞句や助詞、アスペクトや補語がついて「にぎやか」になっていることが多いです。そもそも中国語では動詞述語文が圧倒的に多く使われ、なおかつ動詞述語文は長い文になりがちです。述語になっている動詞が現れる前に、副詞や助動詞や介詞句がきますし、動詞には前後にアスペクトや補語がついていることが多いので、述語を探す目安になります。

②我稚小的心灵,曾将心声**献给**小桥:

　你是一弯银色的新月，　**给**人间普照光辉;

　你是一把闪亮的镰刀，　**割刈着**欢笑的花果;

　你是一根晃悠悠的扁担,**挑起了**彩色的明天!

＊"献给"は動詞＋結果補語です。"给"は介詞もあり、"给小桥献"の語順でも「小さな橋に捧げた」という訳語になるでしょうが、結果補語として動詞の後ろに回ると、「すでにその動作をした結果として何らかのモノや事柄が相手に渡った」ことを表します。ここでは「心の声」が「小さな橋にすでに届いた」という意味です。その声は3つ。2つめの"你是…"の文の述語は"割刈着"すなわち動詞＋持続のアスペクトになっており、3つめの"你是…"の文の述語は"挑起了"すなわち動詞＋方向補語＋完了のアスペクトになっています。1つめの"你是…"の文の述語は目的語を2つとる動詞"给"で、シンプルな形です。

③哦,小桥**走进**我的梦中。

＊"走进"は動詞＋方向補語です。

④我　<u>在飘泊他乡的岁月</u>,
　　　　時点（いつ）

　心中总**涌动着**故乡的河水,

　梦中总**看到**　弓样的小桥。

* "在…岁月" は介詞句ですが、時点（いつ）を示しています。時点は主語の後ろ、述語の前が基本の位置ですが、"在…" の介詞句はしばしば長くなり、前のほうへ位置が移動します。"心中""梦中"が対になり、それぞれの述語は "涌动着" が動詞＋持続のアスペクト、"看到" が動詞＋結果補語になっています。

⑤当我访南疆探北国,眼帘**闯进**座座雄伟的长桥时,
時点（いつ）

  我的梦 **变得**丰满了,

      增添了赤橙黄绿青蓝紫。

* "当…时" も時点（いつ）を表します。しばしば "当…" 以下が長くなりますが、"…时" や "…时候" で締めくくられるので、落ち着いて読んでいきます。"闯进" は動詞＋方向補語です。"座座" とありますが、"座" は橋を数える量詞で、量詞を重ねると「一つずつ確認してすべて」というニュアンスになります。

* この文の述語は "变得…" と動詞＋様態補語になっています。様態補語は "得" の後ろでその動作が「どのような様子か、状態か」を詳しく述べますが、しばしば長くなり、文になっていることもあります。文になっている時は、たとえば形容詞が述語の場合は「とても」の意味がなくても "很" がつく等の、文で必要なルールが反映されます。

練習 ◎次の部分も読んでみましょう。
三十数年ぶりに故郷に戻った時の様子です。 →訳例は165p

À! Xiǎo qiáo ne? Tā duǒqǐlái le? Hézhōng yí dào chánghóng,
啊！小 桥 呢？它 躲起来 了？河中 一 道 长虹，
yùzhe zhāoxiá yìyì shǎnguāng. Ò, xiónghún de dà qiáo chǎngkāi xiōnghuái,
浴着 朝霞 熠熠 闪光 。哦，雄浑 的 大 桥 敞开 胸怀，
qìchē de hūxiào, mótuō de díyīn, zìxíngchē de dīnglíng, hézòuzhe jìnxíng
汽车 的 呼啸、摩托 的 笛音、自行车 的 叮铃，合奏着 进行
jiāoxiǎngyuè; nánlái de gāngjīn, huābù, běiwǎng de gānchéng, jiāqín, huìchū
交响乐 ；南来 的 钢筋 、花布，北往 的 柑橙 、家禽，绘出
jiāoliú huānyuètú
交流 欢悦图……

語 釈

熠熠：きらきら光るさま
敞开：大きく広げる

文章篇　第2編　記号を見落とさない　にぎやかな述語動詞

第3編 論旨を予測する
―― 謝冕「読書をする人は幸福な人である」より

　複雑なことがらを述べるためには、短い単文ばかりでは足りず、文と文をつないで複文にしていきます。いくつかのよく使われる呼応表現を覚えておくと、論旨の展開があらかじめ予測できます。
　中国語は動詞等の活用もありませんし、日本語のような助詞もなく、語順で意味が決定していく言葉ですが、その語順もこれまで見てきたように、基本となるものはかなりシンプルです。しかし中国語が単純な分かりやすい事柄しか表現できないわけでは、勿論ありません。中国語には中国語の論理的な世界があります。原因があって結果が生じていれば、ふつうは原因を先に述べ、それから結果を述べる、などがその例ですが、この時に"因为…,所以…"のような呼応表現を使うこともありますが、私たちが想像するほど使わない、あるいは省略することが多く、慣れないと論旨を見失うことになるのです。
　また、よく使う呼応表現には接続詞が多くありますが、副詞も少なくありません。接続詞は文頭に使い、二字の語も多いので分かりやすいのですが、副詞は主語より後ろに使い、一字の語が多いために、見落としがちです。

谢冕 《读书人是幸福人》
Xiè Miǎn　Dúshūrén shì xìngfú rén

Wǒ cháng xiǎng dúshūrén shì shìjiān xìngfú rén, yīnwèi tā chúle yōngyǒu xiànshí de shìjiè zhī wài, hái yōngyǒu lìng yí ge gèngwéi hàohàn yě gèngwéi fēngfù de shìjiè. Xiànshí de shìjiè shì rén rén dōu yǒu de, ér hòu yí ge shìjiè què wéi dúshūrén suǒ dúyǒu. Yóucǐ wǒ xiǎng, nàxiē shīqù huò bù néng yuèdú de rén shì duōme de búxìng, tāmen de sàngshī shì bù kě bǔcháng de. Shìjiān yǒu zhūduō de bù píngděng, cáifù de bù píngděng, quánlì de bù píngděng, ér yuèdú nénglì de yōngyǒu huò sàngshī què tǐxiànwéi jīngshén de bù píngděng.

我常想读书人是世间幸福人,因为他除了拥有现实的世界之外,还拥有另一个更为浩瀚也更为丰富的世界。现实的世界是人人都有的,而后一个世界却为读书人所独有。由此我想,那些失去或不能阅读的人是多么的不幸,他们的丧失是不可补偿的。世间有诸多的不平等,财富的不平等,权力的不平等,而阅读能力的拥有或丧失却体现为精神的不平等。

◎呼応表現に気をつけながら、意味を考えましょう。

……
……
……
……
……
……
……
……
……
……
……
……
……
……

文章篇　第3編　論旨を予測する

語 釈

読书人：読書をする人の意だが、知識人やインテリをいう。
擁有　：持つ。保有する。
浩瀚　：広々としたさま。（書物などが）多いさま。
諸多　：いろいろな。たくさんの。

訳　例

　読書をする人は、この世で幸福な人だ、と私はつねに思う。なぜなら彼は現実の世界を持っているうえに、より広大で、かつより豊かな別の世界も持っているからである。現実の世界は誰でもみな持っているが、後者の世界は読書をする人しか持っていない。そこで私は思う、読書することを失った、あるいはできない人は、どれほど不幸であろうか、と。彼らが失ったものは、補うことができない。世の中には多くの不平等がある。財産の不平等、権力の不平等、そして読書する力を持っている、あるいは失ったかは、精神の不平等を表しているのである。

【学習ポイント】

予測しながら論旨を追う

　1段落に4つの文があります。文中に呼応表現が使われているものがありますが、文と文もつながって、一つの段落でまとまったことを述べようとしています。

①我常想读书人是世间幸福人，

　　因为他除了拥有现实的世界**之外**，

　　　　还拥有另一个更为浩瀚

　　　　　　也更为丰富的世界。

＊文頭に主張したいことが述べられています。"因为"は、"因为…, 所以…"のように呼応していれば「…であるために、だから…だ」という意味になりますが、ここでは前文を承けて「なぜなら」の意味で使われています。"除了…以外，还…"はよく使われる呼応表現です。"除了…"は、それが除外される場合と、それは当然のこととして含まれる場合の両方がありますが、ここでは後文に"还…"とあるので、付け加えるほうだと分かります。この文では"还…"以下も"也"を使って2つ並べられており、読書をする人には"现实的世界"と"另一个世界"ふたつの世界がある、それが幸福だと考える理由だ、と述べています。

②　现实的世界　　**是**人人　都　有**的**，

　　而后一个世界　**却**　**为**读书人**所**独有。

＊前文を承けて、"现实的世界"に対して"另一个世界"は読書をする人しか持っていない、と述べています。"而"は順接・逆接ともにあり、後文が前文とは逆の内容を言おうとしていると分かるのは"却"があるからです。"就"と"却"はよく使われる副詞で、訳語は文脈によりさまざまですが、"就"は前後の関係が「すんなり」している時、"却"は前後の関係が「ぎくしゃく」している時に、「後文の副詞として使われる」のがポイントです。しばしば接続詞と間違えて後文の文頭に使いがちですが、副詞ですから主語より後ろの位置に使います。「すんなり」か「ぎくしゃく」かはいろいろなケースがあり、「その角を曲がれば郵便局だ」のような文の場合、「角を曲がる」ことと「郵便局がある」ことが「すんなり」つながる、と考えるようです。その場合には後文の「郵便局がある」の副詞の位置に"就"がきます。日本語訳には反映しづらい言葉ですが、よく使われます。「その角を曲がれば郵便局だ」と教えられて曲がったけれどなかった場合には、予想を裏切られて「ぎくしゃく」した感じを"却"が表します。

＊"是…的"ははさんで強調する表現。"为读书人所独有"の"为…所…"も呼応表現ですね。少し文語的な固い表現で、「…に…される」意味です。別の世界は「読書人に独占される」が直訳になります。

③**由此**我想,那些　失去或不能阅读的人**是**多么的不幸,

　　　　　他们的丧失　　　　　**是**不可补偿　**的**。

＊前文で「読書をする人だけが持ち得る世界がある」と述べました。"因此"以下で、少し違う角度から論を展開します。"阅读"を"失去"あるいは"不能"とはどういうことでしょうか？　読書をする能力があったのに失ってしまった人、もともと読書ができない人、この文章は最初に主張したいことを述べて、あとから説明していくパターンで書かれているので、まだよく分かりません。「いったいどういうことだろう？」と考えさせながら読ませていく文章と言えるでしょう。

＊この文にも"是…的"が使われていますが、最初のほうは"的"が省略されています。どちらも"是"や"是…的"を削っても文は成立します。

④世间有诸多的不平等,

　　　　财富的不平等,

　　　　权力的不平等,

　　而阅读能力的拥有或丧失**却**体现为

　　　　精神的不平等。

＊前文の「彼らが失った取り返しのつかないもの」について述べます。最初に「不平等」で思いつく「財産」や「権力」を挙げ、"而…却…"で読書ができないことで生じる「精神」の不平等につ

いて述べます。精神の不平等については意外な感じがするでしょう、ということで「ぎくしゃく」の"却"が使われています。

✿ よく使われる呼応表現

①並列
既…又／也…　　　　　　　　　　　　…の上に…だ

②前の動作に続いて後ろの動作がおこる
先…再／然后…　　　　　　　　　　　まず…して、それから…する

③後ろの文で前の文をさらに説明する
不但…还／也／而且…　　　　　　　　…ばかりでなく…もまた…

不仅…而且…　　　　　　　　　　　　…だけでなく…もまた…

④因果関係を表す
由于…所以…　　　　　　　　　　　　…なので、だから…だ

既然……只好／只有／一定…　　　　　…したからには…するしかない（きっと…だ）

⑤選択
或者…或者…　　　　　　　　　　　　…か、それとも…か

不是…就是…　　　　　　　　　　　　…でなければ…だ（…か…のどちらかだ）

⑥逆説
虽然…但是…　　　　　　　　　　　　…であるが、しかし…だ

不是…而是…　　　　　　　　　　　　…ではなく、…だ

⑦仮定
要是／如果…就…　　　　　　　　　　もし…なら…だ

幸亏…不然…　　　　　　　　　　　　幸い…だったが、そうでなければ…だ

⑧条件
只有…才…　　　　　　　　　　　　　…してはじめて…だ

只要…就…　　　　　　　　　　　　　…でさえあれば…だ

不管／无论…也／都…	…かどうかに関わらず、やはり(すべて)…だ

⑧**譲歩**

哪怕…也／都…	たとえ…でも…だ
即使…也…	たとえ…でも…だ

練習 ◎次の部分も読んでみましょう。　CD 79　　→訳例は165p

Rénmen tōngguò yuèdú, què néng jìnrù bùtóng shíkōng de zhūduō tārén
人们 通过 阅读，却 能 进入 不同 时空 的 诸多 他人
de shìjiè. Zhèyàng, jùyǒu yuèdú nénglì de rén, wúxíng jiān huòdé le chāoyuè
的 世界。这样，具有 阅读 能力 的 人，无形 间 获得 了 超越
yǒuxiàn shēngmìng de wúxiàn kěnéngxìng. Yuèdú bùjǐn shǐ tā duō shí le
有限 生命 的 无限 可能性。阅读 不仅 使 他 多 识 了
cǎomùchóngyú zhī míng, érqiě kěyǐ shàng sù yuǎngǔ xià jí wèilái, bǎolǎn
草木虫鱼 之 名，而且 可以 上 溯 远古 下 及 未来，饱览
cúnzài de yǔ fēi cúnzài de qífēngyìsú.
存在 的 与 非 存在 的 奇风异俗。

語釈

具有：備える。持つ。
不仅：だけでない。…にとどまらない。…ばかりでなく。
饱览：心ゆくまで見る。十分に眺める。

第4編 時と場所
―― 巴金「星の群」より

　文章を読む時に「いつ」「どこで」何をしているのか、起こっているのかを抑えることは大切です。会話でしたら、それは前後の話の流れで理解できることなのでしょうが、文章では書かなければ分かりませんし、書いてあるものです。「いつ」「どこで」は、しばしば修飾がついて長い句になることがありますが、たいていは介詞句を使って文頭に出てきたり、目立つ位置におかれています。

　とくに中国語は、方向補語が発達していることから分かるように、動作の方向性にとても敏感な言葉です。どの位置から物事を見て描写がされているのか、何かが起こったあとどの方向に人なり事態なりが動いたのか、気をつけて見ていると、とても細かく記述されています。

巴金《繁星》 Bā jīn Fánxīng

Sān nián qián zài Nánjīng wǒ zhù de dìfang yǒu yí dào hòumén, měi wǎn wǒ dǎkāi hòumén, biàn kànjiàn yí ge jìngjì de yè. Xiàmiàn shì yí piàn càiyuán, shàngmiàn shì xīngqún mìbù de lántiān. Xīngguāng zài wǒmen de ròuyǎn li suīrán wēixiǎo, rán'ér tā shǐ wǒmen juéde guāngmíng wúchùbúzài.
三年前在南京我住的地方有一道后门，每晚我打开后门，便看见一个静寂的夜。下面是一片菜园，上面是星群密布的蓝天。星光在我们的肉眼里虽然微小，然而它使我们觉得光明无处不在。

Nà shíhou wǒ zhèngzài dú yìxiē tiānwénxué de shū, yě rènde yìxiē xīngxing, hǎoxiàng tāmen jiùshì wǒ de péngyou, tāmen chángcháng zài hé wǒ tánhuà yíyàng.
那时候我正在读一些天文学的书，也认得一些星星，好像它们就是我的朋友，它们常常在和我谈话一样。

Rújīn zài hǎishang, měiwǎn hé fánxīng xiāngduì, wǒ bǎ tāmen rènde hěn shú le. Wǒ tǎngzài cāngmiàn shàng, yǎngwàng tiānkōng. Shēn lánsè de tiānkōng li xuánzhe wúshù bànmíngbànmèi de xīng. Chuán zài dòng, xīng yě zài dòng, tāmen shì zhèyàng dī, zhēn shì yáoyáo yù zhuì ne!
如今在海上，每晚和繁星相对，我把它们认得很熟了。我躺在舱面上，仰望天空。深蓝色的天空里悬着无数半明半昧的星。船在动，星也在动，它们是这样低，真是摇摇欲坠呢！

◎語りの視点に注意しながら、意味を考えましょう。

第4編　時と場所

語釈

繁星：たくさんの星。

訳　例

　三年前に南京の私の住んでいたところには家の後ろに門があり、毎晩その門を開けると、静かな夜が見えた。下は一面の菜園、上は星の群がすきまなく広がる紺色の空。星の光は、私たちの肉眼には小さいが、それは私たちに光明がどこにでもあることを感じさせてくれる。そのころ私は天文学の本を少し読んでいて、いくつかの星を知っていた。まるで彼らこそが私の友だちのようであり、いつも私と一緒に話をしてくれているかのようだった。

　いまは海上にいて、毎晩、星の群と向かい合っている。私は星たちをよく知るようになった。私は甲板に寝ころんで、空を見上げる。深い紺色の空には、無数のうす明るい星が垂れていた。船は動いている。星も動いている。星がこんなに低い。本当にゆらゆらといまにも墜ちてきそうだ。

【学習ポイント】

☆ 時と場所に気をつける

　中国語には時制がありません。時点（いつ）を表す言葉が、その動作や状態がいつ起こったのか、過去・現在・未来を表します。

①**三年前　在南京我住的地方**有一道后门,每晚我打开后门,便看见一个静寂的夜。下面是一片菜园,上面是星群密布的蓝天。…

如今　　在海上,每晚和繁星相对,我把它们认得很熟了。

* 段落の冒頭に「いつ」が明記されています。最初は"三年前"、場所は「南京の私が住んでいたところ」、そして"如今"、語り手の時点は「いま」、場所は「海上」です。「いつ」を表す言葉は、何月何日のような具体的な時点の時もありますし、○○時代のように期間の時もあります。いずれも基本的な語順は主語の後ろですが、強調したい時などは文頭に出てきます。「どこで」を表すのは主に"在…"の介詞句で、介詞句の基本的な語順も主語の後ろ。ほかの介詞句はあまり文頭に出てきませんが、場所を表す"在…"はしばしば文頭に出てきます。"在南京我住的地方有一道后门"は"后门"が「存在している」ことを表す存現文で、場所が主語の位置にきています。"在海上,"は区切りの「,」を伴って、介詞句が文頭に出てきた例です。

* 三年前、作者は毎晩のように家の裏の戸を開けては、静かな夜を見ていました。目線の下には一面の菜園、目線を上へあげると満天の星。いま海を航海中の作者は、やはり毎晩のように星を見ていますが、船は進んでいきますので、三年前の静止した星空と、いまの常に動いている星空の対比で、以下の描写が進んでいきます。

＊"便"は"就"と同じで、古くは白話小説などで使われていたものが、現代の書き言葉に引き継がれました。口語では使いませんが、文章ではよく見られます。"把它们认得很熟了"は"把"を使う処置文です。

② 　星光**在我们的肉眼里**虽然微小，

　然而 它 使我们觉得光明无处不在。

＊三年前に見ていた星空です。「私の肉眼では」と視点が明らかにされています。"在…"はしばしば長くなる介詞句で、ここもそうですが、"…里"のようにカッコ閉じに相当する言葉がよくつきます。"里"を「中側」「内側」の訳語で覚えていると、かえって意味が分からなくなるかも知れません。中国語は方向を表す言葉をよく用いますが、日本語とは少し感覚が違っていて、なかなか難しいものです。

＊"虽然…然而…"は呼応表現。"使"は使役で、星の光が私たちに「光明はどこにでもある」と感じさせてくれます。この"光明"は単なる星の光ではなく、未来への希望という意味が込められているでしょう。"光明无处不在"は"无"という文語的な言葉で短縮している兼語文で、"光明没有地方不在"と同じです。

③**那时候**我正在读一些天文学的书，**也**认得一些星星，

　好像它们就是我的朋友，

　　　它们常常在和我谈话**一样**。

＊"三年前"を"那时候"と言い換えています。以下に出てくる"在"は時や場所を表す介詞の"在"ではなく、進行を表すアスペクトの"在"です。介詞は目的語をとって介詞句になりますが、"正在读一些…"と"在和我谈话…"はどちらも動詞"读"やほかの介詞句＋動詞"和我谈话"が続きますので、副詞の"在"だと分かります。

＊三年前、作者は孤独な状態にあったようです。天文学の本でいくつかの星について知ったので、まるで彼らが「友だちのよう」であり、いつも「自分と話をしてくれたよう」だったと述べています。"就是"は強調ですので、星以外には友だちと言えるような人が身近にいなかったらしい、と分かります。"好像…一样"は呼応表現ですが、比喩が２つ使われています。ただし並列を表す「、」ではなく、区切りの「，」が使われています。「，」は運用が比較的緩い文章記号で、人によって使い方が違います。"也认得一些星星"とありますが、ここで「少し星と知り合いになった」は後文の伏線になっています。

文章篇　第４編　時と場所

④如今 **在海上**,每晚和繁星相对,我把它们认得很熟了。

　我**躺在舱面上**,仰望天空。

*この文章が書かれた「いま」、海上で毎日星と向かい合っているうちに、"认得很熟了（顔見知りになった）"と述べています。"在海上"は場所を表す介詞句ですが、"在舱面上"は"躺"の後ろについて結果補語になっています。いくつかの介詞は、このように動詞の後ろについて結果補語としても使われます。"在舱面上躺"の語順の時は「甲板に寝ころぶ」という意味で、日常的にそうしている、あるいはこれからそうするつもりだ、という意味です。これが結果補語になって"躺在舱面上"になると、「寝ころんでその結果甲板にずっといる」という具体的な個別の動作について述べるニュアンスになります。

⑤**深蓝色的天空里**悬着无数半明半昧的星。

*この文は無数の星が空に「かかっている」という存在を表す存現文で、場所を表す"深蓝色的天空里"が主語の位置にきています。

⑥船　**在**动,

　星**也在**动,

　　它们是这样低,真是摇摇欲坠呢!

*この文の"在"は副詞、進行のアスペクトのほうですね。船は動いていますから、星も一緒に動いています。作者は甲板に寝ころんで、水面と同じ低い位置から満天の星を眺めていて、まるで星がゆらゆら落ちてきそうだ、と言っています。巴金は比較的平易な言葉で味わい深い文章を書く作家ですが、ここの"摇摇欲坠"は、唐の詩人杜甫の"星垂平野阔, 月涌大江流。"という詩句を思い出す中国の人も多いのではないでしょうか。「旅夜に懐（おもい）を書す」と題する船旅の詩で、「星は垂れて平野闊く、月は涌きて大江流る」、広々とした平野に低く垂れてくるような満天の星、大江の流れに湧き出るように映える月、壮大な景色です。日本語では星が「降ってきそうだ」と表現するかもしれません。

練習 ◎次の部分も読んでみましょう。 CD81　　　　　　→訳例は165p

Yǒu yí yè, nàge zài Gēlúnbō shàng chuán de Yīngguórén zhǐgěi wǒ
有 一 夜，那个 在 哥伦波 上 船 的 英国人 指给 我

kàn tiānshàng de jùrén. Tā yòng shǒu zhǐzhe: nà sì kē míngliàng de xīng shì
看 天上 的 巨人。他 用 手 指着：那 四 颗 明亮 的 星 是

tóu, xiàmiàn de jǐ kē shì shēnzi, zhè jǐ kē shì shǒu, nà jǐ kē shì tuǐ hé
头，下面 的 几 颗 是 身子，这 几 颗 是 手，那 几 颗 是 腿 和

jiǎo, háiyǒu sān kē xīng suànshì yāodài. Jīng tā zhè yìfān zhǐdiǎn, wǒ guǒrán
脚，还有 三 颗 星 算是 腰带。经 他 这 一番 指点，我 果然

kànqīngchǔ le nàge tiānshàng de jùrén. Kàn, nàge jùrén hái zài pǎo ne!
看清楚 了 那个 天上 的 巨人。看，那个 巨人 还在 跑 呢！

語 釈

哥伦波：コロンボ（地名）。
巨人　：オリオン座のこと。巨人オリオンは海のポセイドンの子で、狩りの名人。

第4編　時と場所

文章篇

第5編　全体の構成　比喩や倒置
── 茅盾「ポプラ礼賛」より

　長い文章を読むには、全体の構成をしっかり抑えることが重要です。難しい単語や言い回しがたくさん出てくるので、辞書を引いて意味を確認するだけでもたいへんですが、結局全体として何を言わんとしているのか、分からなくなっては残念です。

　文章を読んで「よく分からない」理由はいくつかあり、単語や文法は基本なのですが、社会的、文化的な背景を知らないために理解できない、ということもあります。ただ、私たちは外国語として中国語に接するわけですから、発音・単語・文法などこれまでやってきた基本的な事項を学んだあとは、これを武器として「知らないこと」を言葉を通して「知っていく」ことができるはずです。

　中国の人が規範としている文章のスタイルがいくつかありますので、名作とされるものを読むのは、そうしたスタイル（中国語では「考えの道筋」という意味で"思路"といいます）を知る上でも、重要になってくるでしょう。

　茅盾の「ポプラ礼賛」は、大きく2段の構成になっています。前段は樹木としてのポプラの描写、後段はポプラから連想される中国人の姿を描いています。このように、先に「景」（風景、事実）を述べて、それに関連させながら後に「情」（思い、主張）を述べるのは、古典の時代からあった中国の伝統的な文章スタイルの一つです。

◎まず前段を読んでみましょう。

Máo Dùn　Báiyáng lǐ zàn
茅盾《白杨礼赞》

Nà shì lìzhēng shàngyóu de yì zhǒng shù, bǐzhí de gàn, bǐzhí de zhī.
那是力争上游的一种树，笔直的干，笔直的枝。
Tā de gàn ne, tōngcháng shì zhàng bǎ gāo, xiàng shì jiāyǐ réngōng shì de, yí
它的干呢，通常是丈把高，像是加以人工似的，一
zhàng yǐnèi, jué wú pángzhī; tā suǒyǒu de yāzhī ne, yílǜ xiàngshàng, érqiě
丈以内，绝无旁枝；它所有的桠枝呢，一律向上，而且
jǐnjǐn kàolǒng, yě xiàng shì jiāyǐ réngōng shìde, chéngwéi yí shù, juéwú
紧紧靠拢，也像是加以人工似的，成为一束，绝无
héngxiéyìchū; tā de kuāndà de yèzi yě shì piànpiàn xiàngshàng, jīhū méiyǒu
横斜逸出；它的宽大的叶子也是片片向上，几乎没有
xiéshēng de, gèng búyòng shuō dàochuí le; tā de pí, guānghuá ér yǒu yínsè
斜生的，更不用说倒垂了；它的皮，光滑而有银色
de yūnquān, wēiwēi fànchū dànqīngsè. Zhè shì suī zài běifāng de fēngxuě de
的晕圈，微微泛出淡青色。这是虽在北方的风雪的
yāpò xià què bǎochízhe juéjiàng tǐnglì de yì zhǒng shù! Nǎpà zhǐyǒu wǎn lái
压迫下却保持着倔强挺立的一种树！哪怕只有碗来
cūxì ba, tā què nǔlì xiàngshàng fāzhǎn, gāodào zhàng xǔ, liǎng zhàng, cāntiān
粗细罢，它却努力向上发展，高到丈许，两丈，参天

sǒnglì, bùzhébùnáo, duìkàngzhe xīběifēng.
耸立，不折不挠，对抗着 西北风。

語 釈

白杨：ポプラの一種。モウハクヨウ。よく街路樹や河沿いに植えられる。
丈　：（長さの単位）丈。10尺。約3.3メートル。
把　：…くらい。…そこそこ。数詞や量詞の後に用いる。
来　：ほど。くらい。

訳　例

　それは力のかぎり上へと伸びる樹だ。まっすぐな幹、まっすぐな枝。その幹は、ふつうは一丈ほどの高さで、人の手を加えたかのように、一丈のうちに横枝がまったくない。そのすべての枝は、一様に上へと向かい、さらにしっかりと集まり、これも人の手を加えたかのように、一つの束となり、決して斜めにはみ出すことがない。その広く大きな葉もまた、どれも上へと向かい、ほとんど斜めに伸びるものはない。まして下へ垂れるものは言うまでもない。その皮は、なめらかに光り、銀色の光の輪があり、かすかに淡い青色を浮かべている。これは、北方の風雪の圧力の下でも力強く直立する樹だ！　たとえ碗ほどの細さであっても、上へ向かって伸びようとする。高さは一丈ほどから二丈に達し、空に向かってそびえ、不撓不屈で、北西からの風に抗っている。

【学習ポイント】

✿ 白楊って？

　まずタイトルの"白楊"はどのような樹でしょう？　日中ともに漢字を使っているため、動植物などは同じものを指していると思いがちですが、案外違っていることがあります。有名な例では「柏」が、日本でいう「かしわ」（槲。ブナ科で葉が広い）と中国の"柏樹"（コノデガシワ。ヒノキ科の針葉樹）はまったく違う種類です。

　"白楊"は柳の仲間ですが、痩せた土地でもよく育ち、中国北方では防風林として道の両脇にずらっと並んで植えられています。幹も枝もまっすぐ上に伸び、幹には目玉みたいな模様が見えます。並木の風景として、北方の中国人には親しい樹です。樹は家具にしたり、薬にもなるようです。

　"白楊"の予備知識があるかないかで、文章の読みやすさはずいぶん違うでしょう。

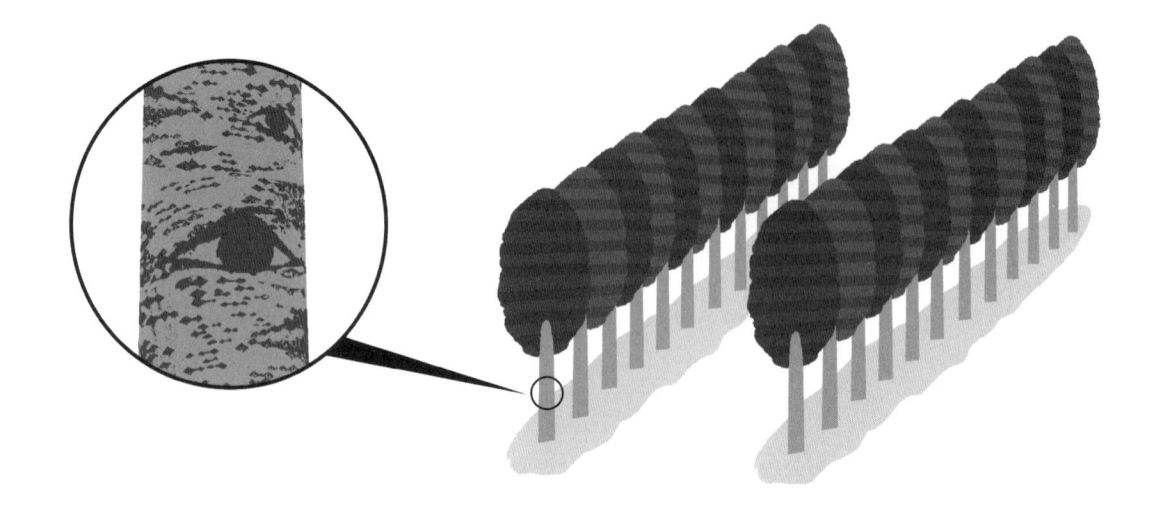

✿ 倒置

　この文章はいきなり"那"で始まっています。以下、前段は"它"で"白楊"の樹としての特徴が語られます。ずっと読んでいくと、段落の最後に"这"が出てきます。また次の段落に、"这就是白杨树"とありますので、その前までが"白楊"についての描写です。

①**那是**力争上游的一种树,笔直的干,笔直的枝。……

这是虽在北方的风雪的压迫下却保持着倔强挺立的一种树!

哪怕只有碗来粗细罢,它却努力向上发展,高到丈许,两丈,参天耸立,不折不挠,对抗着西北风。

＊段落の冒頭で、「それは」力強く上へ伸び、幹も枝もまっすぐな樹だ、と"白杨"を特徴づけています。段落の最後で「これは」北方の風雪の圧力のもとでもまっすぐに立つ樹で、たとえ細くても上へと伸び、北西からの風に抗いながら立つ樹だ、と少し言葉が増えていますが、同じ特徴を"白杨"に見出しています。

🌟 記号で並列する

上へ上へと伸び、幹も枝もまっすぐな樹だ、と述べたあと、もう少し具体的に描写が続きます。「;」で区切られていますので、並べ直してみます。

②它的　　　**干**呢,　　　通常是丈把高,像是加以人工似的,一丈以内,绝无旁枝;

　它所有的　**桠枝**呢,　　一律向上,而且紧紧靠拢,也像是加以人工似的,成为一束,绝无横斜逸出;

　它的宽大的**叶子**　　　也是片片向上,几乎没有斜生的,更不用说倒垂了;

　它的　　　**皮**,　　　　光滑而有银色的晕圈,微微泛出淡青色。

＊「幹」→「枝」→「葉」、どれもまっすぐ上に伸び、「樹皮」には模様がある。こういう生え方をする樹です。"桠枝"は幹から分かれた枝ですが、それさえも幹と同じように上へ上へとまるで人の手を加えたかのように束になって伸びていく。"紧紧靠拢"とありますが、"靠拢"は軍隊が密集隊形をとる時にも使う語で、文章の後段の伏線になっています。樹皮に人の目のような模様があるのが"白杨"の特徴で、この樹を見慣れた人には当たり前な姿なので、あえて「目のような」に類する描写はありませんが、ここも後段へと導く伏線でしょう。

◎続いて後段を読んでみましょう。

这就是白杨树,西北极普通的一种树,然而决不是平凡的树!

它没有婆娑的姿态,没有屈曲盘旋的虬枝,也许你要说它不美丽,——如果美是专指"婆娑"或"横斜逸出"之类而言,那么白杨树算不得树中的好女子;但是它却是伟岸,正直,朴质,严肃,也不缺乏温和,更不用提它的坚强不屈与挺拔,它是树中的伟丈夫!

当你在积雪初融的高原上走过,看见平坦的大地上傲然挺立这么一株或一排白杨树,难道你就只觉得树只是树,难道你就不想到它的朴质,严肃,坚强不屈,至少也象征了北方的农民;难道你竟一点儿也不联想到,在敌后的广大土地上,到处有坚强不屈,就像这白杨树一样傲然挺立的守卫他们家乡的哨兵!难道你又不更远一点想到这样枝枝叶叶靠紧团结,力求上进的白杨树,宛然象征了今天在华北平原纵横决荡用血写出新中国历史的那种精神和意志。

第5編　全体の構成　比喩や倒置

語　釈

婆娑　：円を描いて舞うさま。
虬　　：伝説中の角のある小さな龍。みずち。
算不得：…の数に入らない。…とは認められない。
难道　：まさか…ではあるまい。…とでもいうのか。
竟　　：意外にも。こともあろうに。
宛然　：まるで。さながら…のようだ。

訳 例

　これがポプラの樹だ。中国北西部では一般的な樹だが、けっして平凡な樹ではない。
　それは舞うような姿ではないし、曲がりくねった龍のような枝もない。あなたはこの樹を美しくないと言うかも知れない、——もし美しさがもっぱら「舞うような」あるいは「枝を斜めに伸ばす」類のことを指して言うならば、ポプラは樹の中の乙女と言うことはできない。しかしポプラは立派で剛直で素朴で威厳があり、かといって温和さも失っておらず、まして屈強不屈でまっすぐに聳えていることは言うまでもない。ポプラは樹の中の立派な男子なのだ。積もった雪が融け始める高原を歩いていて、平坦な大地に傲然と立つこんな一株の、あるいは一列のポプラを見たら、樹は樹でしかないなんて言うだろうか。その素朴さ、厳粛さ、屈強にして不屈なさまが、少なくとも北方の農民を象徴していることに思い至らないだろうか。敵の後方の広大な大地に、至るところに不屈に、このポプラに似て傲然と立っている故郷を守る哨兵を、少しも連想しないなんてことがあるだろうか。さらに思いを馳せて、このように枝や葉が団結し、力いっぱい上をめざすポプラが、あたかも今日華北平原を縦横無尽に進んで血で新しい中国の歴史を書いたあの精神と意志を象徴していることに思い至らないなんてことがあるだろうか。

【学習ポイント】

✿ 後段も、最初はその姿について述べています。

③这**就是**白杨树，

　西北极普通的一种树，**然而**决不是平凡的树！

＊"就是"と強調されていますが、"白杨"は"西北极普通"と"决不是平凡"という、一見矛盾する性質がある、と述べています。"普通"は「どこにでもある」という感じです。だからといって「平凡ではない」というのです。

＊前段が「まっすぐ上に伸びる」という誰が見ても納得する客観的な特徴を述べていたのに対し、後段では"白杨"の姿を人になぞらえて作者の観点を述べます。

④它没有婆娑的姿态，没有屈曲盘旋的虬枝，

　也许你要说它不美丽，——如果美是专指"婆娑"或

　　　　　　　　　　　　　"横斜逸出"之类而言，

那么**白杨树算不得树中的好女子；**

　但是它却是伟岸，正直，朴质，严肃，也不缺乏温和，

更不用提它的坚强不屈与挺拔,

它是树中的伟丈夫！

＊梅のように横にくねくねと伸びる枝がないので、そういう枝ぶりを美しいと考える伝統的な概念から言えば、"白杨"は美しい樹だとは言えないでしょう。乙女が躍っているかのような姿はしていません。けれども実直に、正直に、しかも穏やかに、それでいて何者にも屈せずに立つ姿は、偉丈夫だと述べています。人の形容に用いる言葉がふんだんに使われています。

☆ 反語

　文章の最後は、"难道"がたくさん使われていて、反語でたたみかけるような調子です。積雪が解けようとする高原を通って、この平坦な大地に傲然とそそり立つ一本のあるいは一列の"白杨"を見たとき、誰だって次のように思うに違いない。反語は強い強調です。

⑤当你在积雪初融的高原上走过,

　　看见平坦的大地上傲然挺立这么一株或一排**白杨树**,

　难道你就只觉得树只是树,

　难道你就不想到它的朴质,严肃,坚强不屈,

　　　至少也**象征了北方的农民**;

　难道你竟一点儿也不联想到,

　　　在敌后的广大土地上,到处有坚强不屈,

　　　就像这白杨树一样傲然挺立的守卫他们家乡的**哨兵**！

　难道你又不更远一点想到这样枝枝叶叶靠紧团结,

　　　力求上进的**白杨树**,

　　　宛然象征了今天在华北平原纵横决荡用血写出

　　　新中国历史的那种**精神和意志**。

＊"难道你就只觉得树只是树？"の"只"は「ただ…だけ」という意味ですが、「…でしかない」のように否定形に訳したほうがおさまりがいいことがあります。「まさかあなたは樹はただの樹だと

だけ思う、とでもいうのか？」はつまり、「樹は樹でしかない、としか思わない、なんてことはないですよね？(＝あれはただの樹ではないですよね！)」ということです。"難道…"が"只"のような限定する副詞がついたり、"不…"と否定形になっているので、余計に複雑な言い回しになっていますが、それだけ強調する意図が強い、ということです。

＊「ただの樹ではない」→「北方の農民のようだ」→「故郷を護衛する哨兵のようだ」→「華北平原のあちこちで血で新中国の歴史を作り上げる精神と意志のようだ」　前段が幹から枝、葉、樹皮（目）と"白杨"の姿を絞り込んでいったように、後段も最後は「精神と意志」まで絞り込んでいきます。

＊中国には軍隊があります。解放軍の兵士で前線に立つような人は、農民の出身者が多いのです。空軍のパイロットなどはまた違うでしょうけれど、哨兵として大地に直立する若い兵士は、農民の子が多い。日本のように山や海がそばにあって、森林の豊かな地域に住んでいると、広々とした大地、あまり雨も降らずに冬は北西からの乾いた冷たい風に吹きさらしになる、そういう大地にひたすら上をめざして立つ（ほかに目立つほど木はない）"白杨"の姿は、想像しづらいかも知れませんが、中国の人にとっては前線の警護に立つ若者の姿とだぶるのでしょう。

練習 ◎訳例

第1篇
　太陽の光は生命に必ず必要なものだが、光のなかの紫外線は原始生命を殺す危険がある。水は有効的に紫外線を吸収することができるので、原始生命に天然の「スクリーン」を提供することにもなった。
　こうしたすべてが、原始生命が誕生し発展する必要条件となったのである。

第2篇
　ああ。小さな橋は？　隠れてしまったのか？　川には長い虹がかかり、朝焼けを浴びながらキラキラきらめいている。おお、雄渾な大きな橋がふところを大きく開いて、自動車のクラクション、バイクの警笛、自転車のベルが、行進曲のシンフォニーを合奏し、南方から来た鉄筋や更紗、北方へ行くミカンや家畜が交流の交歓図を描いている……

第3篇
　私たちは読書を通じて、異なる時空の多くの他人の世界に入ることができる。こうして、読書する力を持っている人は、知らず知らず有限の生命を超越した無限の可能性を獲得することになる。本を読むことは、草木や虫、魚の名前を多く知るだけでなく、上古にさかのぼり未来へ飛んで、存在する、そして存在しない奇異な風俗を心ゆくまで眺めることができるようにするのである。

第4篇
　ある晩、あのコロンボで乗船したイギリス人が私に空の巨人を指さした。彼は手で、あの四つの明るい星が頭、下のいくつかが身体、このいくつかが手、あのいくつかが脚と足、それから三つ星がベルトだ、と指さした。彼がこうして指さしてくれると、おお、私にははっきりとあの天上の巨人が見えるようになった。ほら、あの巨人はまだ走っているよ！

第5編　全体の構成　比喩や倒置

村越貴代美（むらこし　きよみ）
1962年東京生まれ。慶應義塾大学経済学部教授。博士（人文科学、お茶の水女子大学）。杭州大学留学（1988～90）、ミシガン大学訪問研究員（1997～98）、北京大学訪問学者（2005～06）、2013年3月より1年間は塾派遣制度により北京留学。北京語言大学の漢語教師プログラム修了、また中国メディア大学（元・北京広播学院）アナウンサー学部の発音レッスンを受ける。
専門は中国古典文学、とくに歌辞文芸としての詞と音楽。著書に『音楽の源へ――中国の伝統音楽研究』（翻訳、春秋社1996）、『北宋末の詞と雅楽』（慶應義塾大学出版会、2004）、『中国語基本単語・表現集　ふうたお』（共著、慶應義塾大学出版会、2005）など。

中国語チェック：
陳海洋（ちん　かいよう）
ハルピン市生まれ。中国メディア大学卒業、北京放送局記者を経て、1990年来日。

CD吹込者：
呉志剛（ご　しこう）
北京市生まれ。中国メディア大学アナウンサー学部卒業。テレビ局アナウンサーを経て、1988年来日。文学博士（千葉大学）。早稲田大学など非常勤講師、NHK中国語講座講師など。

張燕霞（ちょう　えんか）
北京市生まれ。中国メディア大学アナウンサー学部卒業。中国中央ラジオ放送局アナウンサーを経て、1990年来日。NHK中国語講座アシスタント講師など。

初級中国語テキスト　まなんで

2014年10月30日　初版第1刷発行

著　者―――――村越貴代美
発行者―――――坂上　弘
発行所―――――慶應義塾大学出版会株式会社
　　　　　　　〒108-8346　東京都港区三田2-19-30
　　　　　　　TEL〔編集部〕03-3451-0931
　　　　　　　　　〔営業部〕03-3451-3584〈ご注文〉
　　　　　　　　　〔　〃　〕03-3451-6926
　　　　　　　FAX〔営業部〕03-3451-3122
　　　　　　　振替　00190-8-155497
　　　　　　　http://www.keio-up.co.jp/

本文組版・装丁――辻　聡
印刷・製本―――株式会社太平印刷社

© 2014 Kiyomi Murakoshi
Printed in Japan　ISBN 978-4-7664-2189-7